古代歷史文化研究輯刊

二十編

王明蓀主編

第2冊

狄宛第二期闕爟與營窟考見星曆進益

——狄宛聖賢功業祖述之二（第二冊）

周興生著

國家圖書館出版品預行編目資料

狄宛第二期闕爟與營窟考見星曆進益——狄宛聖賢功業祖述之二（第二冊）／周興生 著 -- 初版 -- 新北市：花木蘭文化事業有限公司，2018〔民 107〕

目 14+164 面；19×26 公分

（古代歷史文化研究輯刊 二十編；第 2 冊）

ISBN 978-986-485-534-6（精裝）

1. 天文學 2. 中國

618 107011984

ISBN- 978-986-485-534-6

古代歷史文化研究輯刊

二十編 第二冊 ISBN：978-986-485-534-6

狄宛第二期闕爟與營窟考見星曆進益

——狄宛聖賢功業祖述之二（第二冊）

作　　者 周興生

主　　編 王明蓀

總 編 輯 杜潔祥

副總編輯 楊嘉樂

編　　輯 許郁翎、王筑　美術編輯　陳逸婷

出　　版 花木蘭文化事業有限公司

發 行 人 高小娟

聯絡地址 235 新北市中和區中安街七二號十三樓

電話：02-2923-1455／傳真：02-2923-1452

網　　址 http://www.huamulan.tw 信箱 hml 810518@gmail.com

印　　刷 普羅文化出版廣告事業

初　　版 2018 年 9 月

全書字數 514018 字

定　　價 二十編 25 冊（精裝）台幣 66,000 元

狄宛第二期闞爟與營窟考見星曆進益

——狄宛聖賢功業祖述之二（第二冊）

周興生　著

目次

第二冊

第二卷　野爟闕星曆

一、爟闕源考

（一）竈坑須更名爟闕

1. 過火地穴強名竈致四謬

1）論過火曆闕須照顧似房遺跡

（1）竈源探究之輕忽

竈源不明係考古學與民俗研究難題，舊不受重視。而此二域研究者初係西方學者。楊建華先生曾檢討西方考古學門派起源，也曾考察其學術，察流變歷程。他發覺，歐洲、美洲學人不曾看重竈穴遺跡〔註1〕。藉此觀察，今日能夠原省大陸民國時代諸多發掘報告不曾舉竈穴爲題：域外學人不貴竈穴（坑）。考古學既爲輸入之學，須循域外傳習，不須以未檢之題爲要題。

迄上世紀 80 年代，新石器時代考古者不將「竈穴」納入要題。安志敏先生曾概括相關研究成果，並檢討既往研究基礎，列舉 49 年後考古成就，依考古發掘之解析陳述中華文化傳統悠久。其解析範圍深廣，而房屋建築爲定居基礎，聚落爲文化側面〔註2〕。彼等既見考古成就屬宏大、寬幅、全景之新石器聚落文化表徵。此域不含竈源探究，此缺出自抉擇，此抉擇順從彼時潮流般重點話題斟酌。此期間，學術界終始未能呈現獨見與新見。

〔註 1〕楊建華：《外國考古學史》，吉林大學出版社，1999 年，第 3 頁～第 4 頁。

〔註 2〕安志敏：《中國新石器時代的考古研究》，《中國社會科學院研究生院學報》1987 年第 4 期。

（2）考古界以竈爲房屋附結構

稍後時期，考古學界日漸照顧發掘者事業，納竈於發掘對象。但竈並非「在野」之竈，唯係「房子」構件。馮恩學先生在「探方發掘下」述「竈發掘」，馮氏先顧竈狀之多，將竈關聯早期「房子」。依此理路，竈能是早期房構件。而早期房不須爲完整構建。由此推導，竈別爲早期竈與「晚期形態完備的竈。」〔註 3〕

數年後，面對一些更早構築物，譬如狄宛第一期似房遺跡，考古學界有人將無竈似房遺跡視爲簡陋房屋。段小強等曾言：「僅在大地灣遺址中發現了三座圓形半地穴式建築。面積五、六平方米，有斜坡式門道，不見竈坑，柱洞向中心傾斜，說明是一座簡陋的窩棚式房屋。〔註 4〕」

三座圓底面半地穴建築即狄宛第一期構築物。彼等實係觀象臺，前著既考。竈本源何在，其存否能否印記居住構築水準，此二點於建築起源研究至少爲難題。

（3）房外竈穴與「零星」竈穴說並立

檢早期發掘紀實，須見考古者賦予某種用火地穴竈坑之名。細心考究此類地穴，須知竈坑之名初出判斷與照識。初斷定諸穴專受火，後對照土竈臺命曰竈坑。倘若循此理路，發掘紀實讀者輒睹前賢構造竈穴之艱難與技藝。言其艱難，故在取土爲穴而循尺度。言其技藝，故在竈穴模樣多，而且竈穴模樣能夠連屬。《西安半坡》第二章第一節第三題下第二話端述「竈坑」。發掘者云：竈坑共 89 個，「其中 42 個保存略好。除一般常見的淺圓盆形、圓角長方形、瓢形、圓豎坑形等四種形式外，還有連通竈、船形竈等教奇特的形狀。」淺圓盆形竈共 14 個。「其中 6 個結構簡單，僅具淺圓盆狀的竈坑。另一種是下面附有豎坑的淺圓盆形竈，共 7 個。其豎坑的橫截面多呈圓形，偶有圓角長方形的（如 K72）。」「坑壁多爲紅燒土。」K12 竈坑平面近似圓形，東西直徑程 74、南北徑程 83 釐米，四周高起成圓脊狀，底成鍋底狀，深 15，竈面厚 4.5 釐米。竈底下面爲一圓形豎坑，直徑程 72、深程 40 釐米（圖三四，1）。豎坑周壁爲紅燒土，厚約 0.5 釐米。「這些不同形式的竈坑，有些只是從它們保存下來的部分而予以分類的，也許在完整時，不一定獨成一類。例如

〔註 3〕 馮恩學：《田野考古學》，吉林大學出版社，2003 年，第 86 頁。
〔註 4〕 段小強、杜斗城：《考古學通論》，蘭州大學出版社，2007 年，第 60 頁。

圓豎坑形竈，可能是附有豎穴坑得淺圓盆形坑。這些竈的方向基本是向南的，與房屋的門向的方向相同，也有部分向西或向東的，有的很可能是建在房子外面的」（《西安半坡》，第 34 頁～第 38 頁）。

寶雞福臨堡遺址 I 區發掘揭露灰坑 99 個、陶窯 10 座、房子 5 座、另外有燒坑（或竈坑）3 個房內竈坑，例如 F8 西壁下有一橢圓竈坑，挖進墻內約 0.2 米，徑程約 0.4 米、深程約 0.1 米。中間凹陷。墻傍竈處被燒成磚紅色。竈坑南部被 H130「打破」（《寶雞福臨堡》上冊，第 2 頁、第 13 頁）。諸遺跡俱屬福臨堡第一期。依此述，竈穴或處於房內，或處於房外遠處。但此發掘紀實章節不單舉竈穴。竈穴不被視爲彼時重大遺跡。

《臨潼姜寨》記，揭露第一期竈坑 259 個，78 個處於房內，「其餘 181 個屬零星發現」。第一期竈穴樣貌：坑式竈（圓坑、瓢狀坑、圓角正方坑、長方坑、橢圓坑、不規則坑，另有連通竈）、平面式竈、臺式竈（第 35 頁～第 37 頁）。

狄宛第一期諸發掘區未見竈穴。第二期竈穴係「房址」話題局部。發掘者述「房址」時並述竈穴，譬如 F238 係圓底半地穴「房址」，竈坑位於居住面西部正對門道處，橢圓狀，南北徑 0.76、東西徑 0.64、深 0.3 米。在「房址」下，又述「零星竈坑」共 46 個。有圓桶、瓢、方、橢圓四狀。方竈別爲近菱形與長方形。發掘者述「方形竈坑 4 個（K232、K301、K303、K314）」，後講：「另外，房 F233 得竈坑也爲方形」（《發掘報告》上冊，第 112 頁）。

2）以竈命過火地穴致考古學四謬

（1）謬以爲用火之穴須爲熟食之穴

檢迄今考古紀實與論著，凡涉及用火於地坑，作者俱以「竈」名此穴，話題絕不觸及用火之故。作者默認在此處生火以圖熟食。依此行動與其目的聯繫，作者默認此設置功能等同「竈」，即炊竈。

誰認可此說，須陷入反詰之困：渭水流域已發掘狄宛第二期遺址不少，發掘者頻見此等地穴。但狄宛第一期遺址發掘未曾揭露此等地穴。準乎前論，無過火地穴即喻無生火熟食。如此，須斷狄宛第一期聖賢生食獵物，不須用火。那麼，彼時曆術文明須係生食者創造。生食者不能自食物攝入足夠養分，那麼狄宛第一期聖賢壽數如此能達五十餘歲？

其實，第一期聖賢用火熟食，此不須疑。熟食不須擇地，故不須恃曆闕用火熟食。平地亦可生火熟食。那麼，第二期用火曆闕甚多，須告喻彼時聖賢耗費不少體力掘穴，又耗費不少心力保存火種，而且在某時用火於穴。諸事如何聯繫，須是第二期重大話題。此等懸繫之上，須斷「竈」不能清言過火曆闕體統義。

（2）謬命過火地穴致混事爲與事爲之所

「事爲」出自《墨子・大取》:「於事爲之中而權輕重之謂求。求爲之，非也。」畢沅、孫詒讓、傅山等不考。現代哲學界不曾顧念「事爲」義別〔註5〕。「事」「爲」係二端，非一題。事者，臣事君也。許慎釋曰:「事，職也。」《說文解字》，第65頁)。爲者，舉言措辭也。祝巫曆日非圖事君，乃爲。以言爲律，頒行域內，其旨便民。此亦係爲。《論語》「爲政」名佐證。「事爲之中」謂事君、自爲言而得該當之數（物)。此後，得能權輕重。

故「事爲」乃意念加外部動作，非純手足動作。手足動作堪以力、功闡釋。但意念動作不須盡顯於外。言語不須俱有端、緒、故，但論求者爲言須得「中」。「中」即求算度數如張弓發矢中的。此時堪言名小大、物多寡而見輕重。《大取》「求」論係精密學術根基。無謂之題不須求，以此列題檢討不外虛耗光陰。今依《大取》「求」論「事爲」檢討考古界述「竈」過失。

考古界以「竈」述曆闕用火出自不別事於事爲之所。事爲質在外動作與內旨的相協。事爲之所乃動作之所。用火係外動作，用火之故異於用火旨的。三者以意念聯繫。用火之念異乎生火熟食之念，而用火旨的多樣。凡言生火熟食之念者須聯繫飢餓與充飢旨的。而充飢後於勞累與消耗體能。而勞累與消耗隨處顯現，故欲充飢者亦須隨處熟食，不須先耗費體力挖穴，並精心測算後動土爲穴，而後生火。倘使如此，狄宛無一人能生。於飢餓者，挖掘地穴等於摧殘康健。無論何途考究有度地穴挖掘，及其用於生火熟食，都須解答挖有度穴而後生火與熟食充飢如何聯繫。迄今考古者不曾如此細緻思量。

有度地穴出自挖掘，而挖掘依度出自前設準度及其被循從。生火於此等地穴異乎隨處生火充飢。故曰，此等地穴爲曆闕係事爲之所。考古界抹煞事爲之所與充飢無所之界限，致以竈命過火有度曆闕。此係「竈」名在考古者頭腦生成之故。

〔註5〕孫中原:《〈墨子〉〈大取〉和〈小取〉的邏輯》,《畢節學院學報》2011年第1期。

（3）謬命受火曆闕截斷義考之途

狄宛第一期聖賢已恃地穴爲曆，前著度當算術已證此事。此等地穴即曆闕。第一期曆闕星圖出自若干曆闕連線。星圖印記聖賢曾視見東方、南方、西方、北方宿。如此成就屬高等文明。察曆闕曆志出自形土依度。每度俱納曆度。既知形土爲穴足爲曆志，須推斷受火地穴亦堪爲曆闕，其度承襲故也。狄宛第二期過火地穴終究出自依度形土爲穴。總之，未受火地穴堪爲曆闕，過火地穴亦堪爲曆闕。

倘若承用「竈」名，等同暫且容許不再深究用火地穴曆義。此乃科學研究之綏靖念頭，不合眞知求索大事訴求。綏靖將局部湮沒聖賢功業，割裂遠古曆算文明與三代曆算文明紐帶。於考古學，此舉將致局部探究敗績，系統檢討延遲。

（4）似房遺址內外過火地穴不被視爲自在之物

考古界命過火地穴爲「竈」，則得聯繫住房與飲食之便。再以熟食用火須在房內而定過火地穴爲住房附結構。勘破此間款曲，即知考古界有人諳熟循環定義。我疑心一些學人附議動機不純——以爲過火地穴係竈穴，便於彼等構想遠古生活場景，由此將復原視爲考古研究之旨，而非考見祝巫舊能。自若干構想選取某地某種主流論點，譬如原始公社說，仰韶時期若干遺址凡見似房遺跡，俱被牽扯於原始公社。西安半坡遺址發掘後，發掘紀實題目昭示此念頭。此外，循環定義也導致一些研究者罔顧己見。

狄宛第二期46個地穴位於似房遺跡外。儘管此數非寡，但被發掘者視爲「零星」。姜寨第一期總計259個「竈坑」之181個位於似房遺跡外，占過火地穴總數三分之二強，此超均多數被發掘者呼爲「零星」竈坑。如此悖計須使學人汗顏。準此定數標準，非零星受火地穴須僅指似房遺跡內受火地穴。似房遺跡內各種地穴由此昇階，變爲「住房」遺跡標準結構。如上謬誤皆出自未考而言，言者非知而述。知考古界舊爲，自不驚訝過火地穴被輕賤處置。

2. 狄宛第一期祝巫爟燿事用火考

1）受火曆闕爲自在曆志及其本名疑問

（1）地穴曆志流變暨過火地穴爲自在之物

檢過火曆闕出自形土爲穴。形土非隨欲挖掘，而係依度而爲。如此，形土而得即有度曆闕。而後，用火於此。曆闕有度與此處用火之間存在某聯繫。

此聯繫涉及曆算，故在過火曆闕之度不異於不用火曆闕。如此，後人發掘能睹過火曆闕也出自聖賢造設。既如此，過火地穴之所須爲自在之所，不恃其它構築而在，但依結構需求又能聯繫其它構築。如此，過火地穴在野，或在似房構築內，俱有定義。依此思向，度得造設受火曆闕產生之前唯有絕火曆闕，物本如此，不顯怪異。

澄清此題，即能勘察曆闕曆志演變：曆闕初不過火，後過火。狄宛第一期不過火曆闕功在志曆，第二期過火曆闕亦堪爲曆志。依此得知，曆闕爲曆志產生於狄宛第一期，在狄宛第二期流變。如此，狄宛第二期過火曆闕在野爲曆志，在似房遺跡內爲曆志。用火曆闕何在之問不再誘使發掘者關聯似房遺跡。過火曆闕之數與所俱反映地穴曆志細節與體統。如此看待用火曆闕，爲近「在」之爲。

曆闕流變理路既顯，狄宛第一期無過火曆闕之事有解：彼時，祝巫不獨操心前番秋分迄今歲春分曆算，第二期操心前番冬至迄今歲夏至曆算。而此間須見寒極而變之事。即使四則運算能證此事，合乎節令之次，但如何顯此事，使今日邑眾能知曉此事，係一大難題。而不輟查看夜空日所與星宿，此係解決此難基礎。在似房遺跡垣邊舉火仍非掘穴用火。自聖賢在西山坪野置「流火」曆志之器圜底鉢後，日行南天查看並未停歇，而且星象知識增益。確認夏至初昏能見日所正南，直某宿之後，天視見變爲週天視見，日視見變爲週天視見。此認知飛躍。祝巫知融通諸象以狄宛第一期末。日月食查看遠在此前已完成。

此週天日行認知開始傳播。第一期聖賢後嗣承此體統，故造設曆闕用火，以爲曆志。後世考古者在野見過火地穴，本乎此事。後欲便利冬日曆爲，移此等曆闕入似房構築。如此，野爲曆用火於曆闕非在似房遺跡內用火於曆闕。但二者俱爲曆闕。其所異不礙其功同，其功同不礙祝巫以此曆闕關聯似房遺跡某曆爲結構。

（2）過火曆闕本名須恃事類考證

今雖以過火曆闕替代「竈」名，不誤指事顧物，但未能徹底擺脫舊名窠臼，亦難考證其曆志底義。

欲澄清過火地穴堪爲曆算遺跡，須恃類名。類名求索須向經籍考證。類名須納地穴過火義素。此舉旨在便利日後查看中國星曆萌發與流變。凡命物或命事，須照顧二題：第一，物類或事類；第二，既成之命須堪爲學名。考物而顧形、貌、功，並顧其功類而定名，以此名類舉聖賢舊事。如此，學術體統有穩固基石。學行不再流離失所，動蕩無形。捨此，學人屬文回環往復，言端雜蕪而遷延無涯，靡費而不著旨的。

俟此學名勘驗，不獨獲得過火曆闕曆義考證之把柄，亦將獲得勘驗「瓦窯」遺跡曆志蹤跡。

2）炊竈起於狄宛第二期後

（1）炊竈與用火辨

涉竈義，《說文解字》訓之如「炊竈」（卷七，穴部。第152頁）。依《唐韻》，竈讀「則到切」。韻讀類奥。《藝文類聚》八十引《釋名》曰：「竈，造也。創食物也〔註6〕。」創者，損其外皮，爔其質地是也。故熟食者，食材舊狀之變革，養分能在人體發作是也。

竈爲納火之所，構築有度。《墨子・號令》「諸竈火爲屏，火突高，出屋四尺。」孫詒讓從畢沅改「火」如「必」。其據即《藝文類聚》第八十引文：「諸竈必爲屏，心突高」，餘者同〔註7〕。

檢「竈火」二字不須校改，其故有二：第一，火、必字源相差甚大。火字字源涉臼，而必字字源涉減省弧線在西向西南延伸，在南偏西有西南——東北短斜線。于省吾先生雖未識此源，但已澄清王國維辨字源有誤，而且認定必字涉及祀神〔註8〕。許慎又訓此字曰：「分極」。此釋近是。推墨子不欲祀神。也不欲構造單向屏以爲煙囪。第二，此二字係古言，今陝西長安杜陵方言猶存。幼時，我不知竈火指何物，竈乎、火乎？後以爲竈即火，有火即竈。在竈火之外，睹家父門外燎以禦邪，墳前燒紙。初識生滅之事，聞母告我初生之狀況。此間亦涉用火。我落產時羸弱將夭，家母依父從村西「神人」陳氏之教，在炕席落產之所燒紙，黃表以饋送子神祇。後益昧於竈、火聯繫。

今對照二文獻，推斷狄宛祝巫查看熱季南天星宿見日在南方，冬日日遠，放寫日返而用火於曆闕。而固燒器坯於曆闕下，已成瓦器堪盛納食材而化。此乃教民生存，而與享邑人皆爲「知生」之民。知生者，知己如草木也，寒日生機在下，而春日旺盛於上也。於地名，青州也涉此命。此前，寒日有野遊乏食，不待春夏而亡。造食之所初無其名。有度用火之穴固堪用於熟食。

〔註6〕劉熙：《釋名釋宮室》（卷五），中華書局，1985年，第90頁。
〔註7〕孫詒讓撰、孫啓治點校：《墨子閒詁》，中華書局，2001年，第592頁。
〔註8〕于省吾：《釋必》，《甲骨文字釋林》，中華書局，1979年，第38頁～第40頁。

以熟食故，此所即造飯之所。《釋名》給竈韻從造，其故在此。《呂刑》「兩造」之「造」源也在此，此蓋有飲食即有獄訟之謂也。餘事則不得謂之竈。而言以韻成，傳之以韻。竈韻成於何時，今無證。至少，狄宛祝巫貴烏韻、安韻（詳後烏藿喜好考）。如此，不得草率言狄宛有竈。

考古界以竈指狄宛此等曆闕，出自諸多「莫須有即非無」之念。不得混淆此等曆闕有此功與徧有此功或唯有此功。總之，炊竈之竈功唯一，用途唯一。狄宛用火曆闕有曆闕之功。

《號令》言「火突高」者，煙火所自出須高也。「出屋四尺」告煙囪須高出煙囪與屋頂接茬上四尺。鄉間房屋有鞍架狀，非平面。竈爲炊竈，煙火須通屋外，而且須將其燃燒之功限定，故用火須有屏障。高出瓦面，隨風飄散，不礙清潔。依此得知，春秋以降，炊竈制度有本。

（2）炊竈源於後炎帝時代

檢經籍記述，《論語・八佾》述竈之要堪爲開啓此遠古秘府之鑰匙。王孫賈問曰：「與其媚於奧，寧媚於竈。何謂也？」子曰：「不然，獲罪於天，無所禱也。」於前者，《論語集釋》引《四書稗疏》曰：「五祀夏祭竈。竈者火之主，人之所以養也。祀以雞。其禮，先席於門奧西東。設主於竈陘。先席於門奧西東者，迎神也。門奧西東者，門在東，奧在西。設席於門之西奧之東，正當室之中，而居戶外，其非席於奧審矣。」

於孔子言義，歷代學人訓釋不外「天事」、「情勢」、「天理」三說。三說俱不檢王孫賈與孔子問答，各自抒發一人之意。舊訓不足盡信。但皇疏引欒肇訓値得深思。欒氏曰：「孔子曰：『獲罪於天，無所禱』者，明天神無上，王尊無二，言當事尊，卑不足媚也〔註9〕。」

《四書稗疏》含如後要義：竈於孟夏而祀。此述祀時。竈功主火。火乃熟食之熱氣，賴以養人。火固出自生火、燃燒，但其源涉及聖賢造火。但竈祀初不涉造火舊事。祀須獻物，獻物須通夏、火之類，故以雞當之，殺雞以祀。

雞象徵禽鳥，關聯熱季，與星宿之南方七宿牽連：井、鬼、柳、星、張、翼、軫。狄宛第一期聖賢已知井宿之弧氏，前著已證此事。井在午宮西、未宮東。夏季，察日行道者須見井八星。鬼宿認知成熟於狄宛第二期第I段，後將考證。星謂鉤狀七星也。季春，日在此所。《天官書》言「七星項爲員官。」

〔註9〕程樹德撰、程俊英等點校：《論語集釋》，中華書局，1990年，第178頁～第181頁。

陳遵嬀先生述，項是朱鳥項，員官喻喉嚨。鳥以鳴引人，亦喻某季節。渭河流域，鳥鳴喻回暖，春末迄夏，乃至秋初能聞鳥鳴。張宿六星，《石氏星經》述：朱鳥之嗉也。天廟十四星在張宿南。《禮記·月令》「孟夏之月，昏翼中。」季春以來察日行天球須貴此區。陳氏引《禮記正義》曰：「翼爲鶉尾〔註10〕」。

此神主須先迎至室，席而接之。席有其所。當室之中。三代大室準乎地平子午線營造，南北爲軸。此中軸線當門戶向南。南者，當大火星在正南也。於周初爲六月，是月大火星盛。居戶外者，自外接大火星之火神來室也。席狀方，迎火神須入竈。竈在地上，故席須爲方。接神須安神，故爲神主。設主者，竈火神主也。其狀未知。神主安於煙道、竈臺之間。陘者，釜（鍋）項也。竈呈臺狀，四方。單眼竈之釜在中央。竈臺連煙道，煙道與鍋沿之間泥土燒結之所曰項。

檢竈字韻讀從奧。奧者，西南隅也。南之西曰西南。南者，大火星盛之所。西南，大火星伏之所。而東南者，大火星將盛之所。一年三個月被涉及。此果木穀物成熟之時，鳥獸繁育之季。養人以果木或以禽獸之肉，俱須從時。故祭竈實乃尊火熟食也。

依前考，今知夏祭竈事在西周以來涉大火星之祀。三代之前，火是否僅涉大火星，此事難理，暫且擱置。而東周竈祀於孔子係久傳禮俗。此俗本於何時，須深入考校文獻。

《淮南子·氾論訓》「炎帝於火而死爲竈。」高誘注：「炎帝神農，以火德王天下，死託祀於竈神。」何寧引王念孫云：「『炎帝於火』，本作『炎帝作火』〔註11〕。」

《繫辭傳》：「神農氏作，斲木爲耜，揉木爲耒，耒耨之利，以教天下，蓋取諸《益》。日中爲市，致天下之貨，交易而退。各得其所。蓋取諸《噬嗑》。」虞翻訓曰：「神農以火德。」「巽爲號令。」「離象正上，故稱日中也。」「『噬嗑』，食也。市井交易，飲食之道〔註12〕。」

祭竈託於炎帝，謂竈祀源於炎帝歿後若干年。何謂「作火」，此係大疑。炎帝即神農氏，楚竹書《容成氏》記「申戎氏」。虞翻據史傳言炎帝「火德」，火能謂大火星之火，也能有它義，譬如另一星宿之火。依此而爲新曆法，更

〔註10〕陳遵嬀：《中國天文學史》，上海人民出版社，2006年，第252頁～第256頁。
〔註11〕何寧撰：《淮南子集釋》，中華書局，1998年，第985頁。
〔註12〕李鼎祚：《周易集解》，商務印書館，1936年，第364頁～第365頁。

爲王。倘若爲大火星，此時代大火星出沒時節較之狄宛更遲。大火星較之先曆遲出一個月，年歲流逝兩千一百年許。此乃天文定數。而他又依《噬磕》施教，此教係「食教」。唯食教能關聯炊竈。今推測申戎氏施新曆，此曆至少局部涉及大火星出沒節律。故蔡邕《獨斷》曰：「法施於民則祀。」總之，炊竈起於狄宛第二期之後，不得以竈命用火曆闕。狄宛曆闕用火非大火曆之證。

3）狄宛曆闕用火底義探析

（1）《周禮・司爟》「爟」「觀」同讀義辨問題

《夏官・司爟》：「掌行火之政令。四時變，國火以救時疾〔註 13〕。季春出火，民咸從之；季秋內火，民亦如之。時則施火令。凡祭祀，則祭爟。凡國失火，野焚萊，則有刑罰焉。」孫詒讓作《周禮正義》，「司爟」章佔 4 頁。而孫氏未嘗詳察，東漢燕地爲何以「觀」指湯熱〔註 14〕。

涉「爟」韻讀，《盤庚》（上）「予若觀火」孫星衍疏：「觀，讀當爲爟。」後引《周禮・司爟》鄭注云：「爟，讀如『予若觀火』之觀。今燕俗，名湯熱爲觀。」又云：「則鄭以此觀火爲爟火也〔註 15〕。」

涉「觀火」，金少英先生曾言：「觀火猶熱火〔註 16〕」。唐祈認爲，「予若觀火」謂「我固然是一把熊熊的烈火〔註 17〕。」金景芳先生不信鄭說：「盤庚自比熱火是什麼寓意，難以理解，且與下文意不相屬〔註 18〕。」由金景芳先生用「熱火」二字得知，他援金少英先生說，但終究未澄清鄭注引燕方言之本。亦有注者以水火之火解此二字，以「觀火」喻明（知）。龐樸先生記此說，並講：「『觀火』似指日日觀察，了然於胸之意，非僅一望而知。果如此，則『觀火』當指觀察大火〔註 19〕」。檢龐先生諸言，難窺「日日觀察」與「察知大火」星宿聯繫，其故不明。而「觀」、「火」二字爲何連用，今不明朗。

〔註 13〕 作者句讀。

〔註 14〕 孫詒讓：《周禮正義》（卷 57），《續修四庫全書》第 84 冊，上海古籍出版社，1992 年，第 42 頁～第 44 頁。

〔註 15〕 孫星衍：《尚書今古文注疏》，中華書局，1986 年，第 226 頁。

〔註 16〕 金少英：《〈尚書・盤庚〉上篇譯釋——並與張西堂先生商榷》，《西北師大學報》（社會科學版）1959 年第 5 期。

〔註 17〕 唐祈：《〈尚書・盤庚〉篇翻譯》，《西北民族學院學報》（哲學社會科學版）1987 年第 3 期。

〔註 18〕 金景芳：《〈尚書・盤庚〉新解》，《社會科學戰線》1996 年第 3 期（學術人物）。

〔註 19〕 龐樸：《火曆鈎沉——一個遺失已久的古曆的發現》，《中國文化》創刊號，1989 年第 1 期，注 27。

（2）火正與改火底義之疑

晚近，李振峰承以爲，盤庚言「予若觀火」係「有關火的隱喻」。他舉𤇾字，以爲此字乃「爟」本字，據《五音集韻》「𤇾，士戀切，音饌，火種也。」他又講，𤇾喻火種。他引甲骨文字，以及此字去「丨」二狀，與一下去「丨」部字，以爲四字俱係「𤇾」本字。李氏以爲，諸字喻火種，也喻老。他認定，李圃舊解此字喻屋下索物一說非是。李氏又加宀於此字上，以爲此字旁證𤇾有老義。此後，他聯繫《司爟》「凡祭祀，則祭爟」鄭注「禮如祭爨」、賈疏「祭爨祭老婦」與《禮器》記孔子論「燔柴於奧」之鄭說、孔疏，而後斷言，「爟、爨都是發明用火的人。」

他將「予若觀火」訓爲「我像火種的火」，又以鄭玄注《司爟》「四時變國火」之「變」以「易」爲言端，據《論語‧陽貨》「鑽燧改火」而言殷商有「改火」之俗。他附議龐先生述「改火」說，即每年仲春，大火昏見東方，熄滅往年舊火，代之以新鑽燧而得新火，爲新年生產、生活起點。使人間火與天上「的火」一致，使人事與天象合一。李氏又以《左傳》記宋、衛、陳、鄭火災爲證。李氏又以爲，此等大火曆源於殷商。他引陳久金釋卜辭以火司爲「火正」。「乙酉貞：王其令火司我工？乙酉貞：火古王史？」（《合集》32967）。火正之責含「改火」。將另一組含「貞曰」、「乍火」、「災」之卜辭視爲大火星已出現，人間開始「改火」，貞人詢問是否有災害〔註20〕。

「觀火」二字能否喻大火星查看，天文史學者迄今沉默。方言檢討者迄今不曾考述，爲何「爟在東漢燕地喻湯熱。先是，孫詒讓亦未澄清「爟」字含義。而李氏諸言混淆「改火」、「作火」。言「爟」爲發明用火之人名，於史無據，且無「是」（氏）爲綴。看來，「爟」含義係一大疑問，故被學者迴避。

（3）狄宛第一期火正依大火星仲春當南

顧李氏舉論，含謬甚多。其謬別二端：其一，昧於聖賢故業致謬訓「予若觀火」。其二，未嘗精讀經籍史志。前謬之甚者莫過於妄斷爟喻發明用火者。後謬出自不察火正屬王官抑或王事。李氏謬解𤇾字甲骨文之義，如掌面污漬，赫然可察。檢此字甲骨文上爲「山」（火），下爲父。此字當古文「火正」二字。依《春秋左傳‧昭公元年》，火正爲職官，其源不早於黃帝時代。而其事在早，涉連火紀初起。

〔註20〕李振峰：《〈尚書‧盤庚〉『予若觀火，予亦拙謀』解》，《古籍整理研究學刊》2012年第3期。

此言之證在於，狄宛第一期西山坪遺址出土瓦鉢標本 T18　：35，內壁有赤畫，狀如甲骨文火字。而甲骨文火字出自此畫，前書已考（《狄宛聖賢功業祖述》第 85 頁～第 86 頁）。而其色赤喻火，鉢體圓而便轉。覆此器，鉢內壁即喻目力能及之蒼穹。旋轉瓦鉢，即喻大火星位移。如何擺放此器，涉及擺放者是否知曉狄宛一期火正功業，不得草率。我在前書舉此器圖樣，命之「西山坪火正」，當狄宛第一期。火正之正非謂「直」，而喻「及盛」，檢「正」韻讀從盛，《唐韻》讀「之盛切」。火正者，查看大火星而能告大火星未來何月至亮也。大火星盛，天即熱，此乃帝堯時代星象，「日永星火」是也。但狄宛第一期遠早於帝堯時代，斷無大火曆。但不排除火正正仲春以大火星，即孟春見大火星在東南、仲春見大火星於正南、季春大火星落於西南（流）。

總之，在狄宛第一期，標本 T18　：35 內壁赤色圖樣係大火星狀。倘使前斷不誤，此地火正即正仲春大火星在正南。西山坪祝巫用此器唯告季春。而「爟火」有它義。其事之證在狄宛第二期埋骨墓壙 M224，其星曆義後考。

（4）申戎氏火紀考

《山海經・海外東經》旁證前題，又饋給炎帝火紀殘跡：「海外自東南陬至東北陬者。」「大人國在其北。」「奢比之尸在其北。」「君子在其北。」「……。」「朝陽之谷，神曰天吳，是爲水伯。」「青丘國在其北。」「帝命豎亥步，自東極至於西極，五億十萬九千八百步。豎亥右手把算，左手指青丘北。」

「海外」者，雲海之外，蒼穹也。在高處察星宿，雲團甚厚，雲有山海之景〔註 21〕，故言「海外」。「東南陬至東北陬」即聖賢自孟春而察及孟夏。日行兩方此際久達四個月。「大人國在其北」者，長養後嗣之聖賢並察正北。「大」讀「多」，「大人」讀「多人」，言父母及祖輩使我等人數增益。長養以夏有食物，故言此。此告正北得夏至節令，即日繞黃道行及黃經 90°。國，邦也。「奢比之尸在其北」，「奢比」，綴讀「矢」，謂受幽微光照。光被類比爲矢。「在」訓祭、察。察幽微之光如受熱輻射，故察星者名曰「矢」，發聲而拉長讀音，以匹彼時文字寡，故讀如「奢比」。從此二字訓，義相近：「奢」訓張，作大弧是也。察星宿在蒼穹，至大弧占半球。「比」，密也。察大天區

〔註 21〕丁酉年熱月，我避暑於太白縣。丁未月甲子日（西元 8 月 5 日）傍晚，目睹西天雲層景象變遷，雲現滄海之色，疊雲聳立如山。當晚察房宿得之於南天。彼地海拔 1550 米許。後知《山海經》之「山」非獨謂地理之「山」，「海」亦非獨謂地上「湖水」。

而見星宿密，此謂「奢比」。「尸」者，《儀禮》饋食禮之受祭獻也。「在其北」如前訓，更北之所乃帝星之所。此處為後世地支「子」之本。「君子國在其北」者，「君」讀焄，喻「火上出也〔註22〕」。「子」非喻後嗣，而喻地支之始。察日正北是也。

「朝陽之谷，神曰天吳，是為水伯」三言難訓，須從地上景象與天象、樂器史，以及《易》教訓釋。「朝陽之谷」者，東南以迄正東察日出之所。「朝」讀照，面初出之日使照拂面目也。地上熱氣已起，於時為季春。「谷」者，照日於河谷、川道。狄宛邵店村正東存古河道，東南西北走向，此方向係察冬至後日出，夏至前日落之所。「神曰天吳」者，有告地能力之邑首，知以時節用鼓取悅於蒼穹。「神」，讀從申，於時為昏時，言事則謂申告或訓誡。此人昏見晝不視見星象。後世有此類偉人之一，即楚竹書言申戎氏，經籍神農氏。

「天吳」者，天被娛也。吳從魚讀，謂娛樂。使某人娛樂須使之心歡暢，血脈氣疏通。此類樂器以鼓為要。狄宛遺物曾見陶鼓。此為證。且鼓讀音近鳥。目睹禽返，季節暖和。物象與舒適之感匹配。時在孟春。推測娛天者係申戎氏，其模樣以牛首裝扮。此事有源頭：以鼓娛天，須有牛皮、腔木。此乃「坤為牛」本。此卦說來源不明。檢其源在於申戎氏傳播熱氣以日行黃道180度後隱伏。推申戎氏以大火星仲春南見而起歲紀。季春大火星流。申戎氏占坤八經卦坤位，乃占季春大火流，大火流，孟夏之初也。炎帝之號本乎夏熱火。大火流，炎熱來。此乃大火星之火與日火交替也。火德之德謂此交替而食物豐沛。

娛天以牛皮鼓之故在於，申戎氏知孟夏初昏日在牛宿。昏在牽牛者，日落山於西南。此處合八經卦坤位，又連牛宿。而申戎氏初視見大火西流。配大火西流以牽牛昏見。此乃申戎氏火德之本。

《禮記・月令》：「季春之月，旦牽牛中；仲春之月，昏牽牛中。」《爾雅・釋天》：「河鼓謂之牽牛。」陳遵嬀先生未考《釋天》「河鼓」之本（《中國天文學史》第238頁）。

牽牛係北宿之一。幼時六月在曬場乘涼，母親告以牽牛、織女星，我謬以為某神人為牛倌，故須牽牛，憶其在天河畔，穹頂偏北。鼓別土鼓與皮鼓。狄宛時期無皮鼓。《漢上易傳》述「日月五星始於牽牛〔註23〕。」擊鼓於昏時，

〔註22〕《康熙字典》引《玉篇》。《康熙字典》巳集中，火部，七畫，吉林攝影出版社，2002年，第672頁。

〔註23〕朱震：《漢上易傳》第3卷，《欽定四庫全書薈要・經部》吉林人民出版社，1997年，第22頁。

乃後世暮鼓之源。涉陶鼓，狄宛第三期遺物有諸〔註 24〕。《禮記・禮運》言土鼓即此。

「是爲水伯」者，是謂氏。「爲」，命也。「水伯」者，水白也。知水盛之所。白，知也。此人教邑眾知水盛之所，此所即八經卦坎卦所。

「青丘國在其北」者，日及夏至點，背東，而東乃木盛之所。故有此言。

「帝命豎亥步，自東極至於西極，五億十萬九千八百步。豎亥右手把算，左手指青丘北。」「帝」，推測爲庖犧氏。「豎亥」者，精於查看斗柄南北指者，善察天區十二宮。「豎」，南北指。「亥」，西北，傍子，偶巳。日自正北而西繞黃道也。熱季日西北落爲昏。寒季日東南出爲晨。晨察日而昏察星。「步」者，即設擬日行距離。

狄宛聖賢初有「步曆」術，即度當曆術，此術係《九章算術》「田術」之源。楚帛書記：「未又冃、四神相隔。乃步以爲歲。是隹四寺〔註 25〕。」「未又」即未有。冃字即《大戴禮記・誥志》「明」，謂「孟也，」即孟春之孟。又檢，此字上部係甲骨文必字上部來源。

「豎亥步」言豎亥度當曆志。後言「東極」「西極」謂黃經 0° ～180° 。後大數喻何不清。「右手把算」者，右手握持算籌計算，骨笄能爲算器。依《海外東經》、《長沙子彈庫戰國楚帛書》相涉經文推斷，遂人氏曾「步曆」，而且深知南方星宿，譬如鬼宿。

「自東極至於西極，五億十萬九千八百步。豎亥右手把算，左手指青丘北。」「東極」、「西極」者，一歲見冬至晨日出東南，傍晚日落西南。「五億十萬九千八百步」，此數之源不清。猜測此數指日軌道總長，非喻地上某兩點距離。檢《周髀算經》無匹配數。《博物志》卷一引《河圖括地象》卷一言地「南北三億三萬五千五百里〔註 26〕。」此數較大，但義不相屬。

（5）遂皇去大火正仲春之紀

涉火與紀年及時節，存二名須考證。第一，火紀。第二，火紀時。此處唯考前者，以爲後者檢討基礎。

「紀」本謂「絲別」（《說文解字》第 271 頁）。絲別者，別繫也，即世系之別也。蓋遂皇似從大火星出沒定寒暑次第，炎帝如之。《春秋緯元命苞》曰：

〔註 24〕 馬岩峰，方愛蘭：《大地灣出土彩陶鼓辨析》，《民族音樂》2010 年第 5 期。
〔註 25〕 李零：《長沙子彈庫戰國楚帛書研究》，中華書局，1985 年，第 64 頁。
〔註 26〕 張華撰，范寧校證：《博物志》，中華書局，1980 年，第 7 頁。

「三年以閏，以起紀也〔註27〕」。經籍言「火紀」述相去甚遠兩時代：遂人時代與炎帝時代。兩時代首腦不同，但毌行大火星曆志。申戎氏復古，而遂人改火。火紀者，依大火星初出正孟春也，故曰火紀。此事在狄宛第一期。狄宛第一期聖賢已能置閏，揭前著考證。火紀雖爲一名，但遂皇之後，初無炎帝。此名同而異時。名以述類，類同而名同故也。

檢遂人族系前某族系出現於狄宛，以第一期末段遂人改火而遷往西山坪。故此物見於西山坪之野，不出於曆闕或墓葬。而遂人功業之證在狄宛第二期第I段M224燂火事，詳後訓。遂皇如何改火紀，須細考。

《路史・前紀五・遂人氏》:「不周之巔有宜城焉。日月之所不屆，而無四時昏晝之辨。有聖人者遊於日月之都，至於南垂。有木焉。鳥啄其枝則㷊然火出。聖人感之。於是仰察辰心，取以出火，作鑽燧，別五木以改火。……乃教民取火以灼……。人民益夥，羽皮之茹有不給於寒，乃誨之蘇，冬而煬之使人得遂其性，號遂人氏，或曰燧人。順而不一，於是窮火之用，而爲之政。春季以出樵，終以納，異其時也。以濟時疾也。鬱攸之司，九變七化，火爲之紀。謂木器液，於是範金合土爲釜，……。而火之功用洽矣〔註28〕。」

「不周」者，體不滿也。狄宛遺跡斷崖處爲不周、姜寨遺跡臨河邊亦爲不周。西山坪遺址初有無此狀，難以窺測。但半坡遺址見溝道，亦係不周。其餘遺址，凡見有弧邊而底面非圓遺址俱堪視爲「不周」。而且，此「不周」在某高地。三地以狄宛爲早。狄宛第一期、第二期第I段遺跡俱在「不周」之地。「宜城」堪訓祖廟之地，或訓「容城」。訓前者，須照顧庖犧、女媧等人教化之後，禮教萌芽，尊祖而祀。「宜」字從且，本乎狄宛一期「∧」。訓「容城」即容成，成譌爲城。我考此地爲狄宛，故在日全食爲彼時至大事件，而且日全食認知被關聯於禽認知。此認知係「燂」認知之局部。

「日月之所不屆」者，日月自一所運行它所，但不及南北極也。故而此地能無四季，無昏晝。諸言述狄宛祝巫主宰異地節令。

「有聖人者遊於日月之都，至於南垂。」聖人即視見日月行空之遂人氏。彼以目遊見日行南極，冬至是也。狄宛斷崖走向線有赤道黃道冬至日相交之狀。日月之都，都訓渚，河畔也。日行不過河漢是也。許慎訓「有先君之舊

〔註27〕宋均注：《春秋緯元命苞》，《玉函山房輯佚書》，長沙嫏環館刻本，1883年，第3頁。
〔註28〕羅泌：《路史》，四部備要，上海中華書局，1876年，第30頁。

宗廟曰都（第 141 頁）。」「之都」，目力遊迄天河。「至於南垂」喻察星宿者目力及南天，南天者，南方星宿之區。南面爲地上陽盛之所。察孟春東方星宿，而見房宿、心宿等。仲春見心宿在南。述時在狄宛第一期。遠古，察天區不似今日，而以「步」。隋丹元子《步天歌》名存此證。

（6）**隋皇以行爟火正夏至得號考**

後數言述隋人所：「有木焉。鳥啄其枝則粦然火出。聖人感之。於是仰察辰心。取以出火。」「有木」即「又木」。此二字頻見於《山海經》。「有大木」（《海外東經》）、「有木」……「其名曰建木」（《海內南經》）、「有木名曰若木」（《海內經》）。諸多「有木」須本「又木」。「又木」二字本乎「丨」「又」二字。其連屬初係「丨」「又」。此二文組合即甲骨文「父」，喻校準度棒，即「直」。

狄宛第一期聖賢求直即舊算節氣值。而節氣値須當日照。「南垂」「有木」喻日影直。時在端午。「鳥啄」乃鳥喙之僞，喻日連續灼烤，體表痛如被「喙」。粦者，如鬼火一般炪。《康熙字典》巳集中，火部引許愼訓「兵死及牛馬之血爲粦。粦，鬼火也。」然，著火也。出火者，炪也，微火也。引申爲炪種（暗火種）。此截文言述，日灼烤之下，某絨狀物火種炪而燃，如夜間鬼火一般。聖人察知盛熱致火。又察大火星隱伏，但幽暗之粦星受熱能燃易燃物。

《路史》述「作鑽燧，別五木以改火。……乃教民取火以灼……。人民益夥，羽皮之茹有不給於寒，乃誨之蘇，冬而煬之使人得遂其性，號遂人氏，或曰燧人。順而不一，於是窮火之用，而爲之政。春季以出樵，終以納，異其時也。以濟時疾也。鬱攸之司，九變七化，火爲之紀。謂木器液，於是範金合土爲釜，……。而火之功用洽矣」

「作鑽燧」於現代人含義疏闊、細節不清。而改火之言有證。《莊子・繕性》未細述。《韓非子・五蠹》述彼時民食「果蓏蚌蛤」，食譜合狄宛第一期乃至第二期聖賢生存之道，但韓非未述何謂「鑽燧」。班固《白虎通・卷一・號》言燧人「鑽木燧取火，教民熟食，養人利性。」陳立具《風俗通》引《論語・陽貨》曰「鑽燧改火，」又引《含文嘉》曰：「鑽木取火〔註 29〕。」

比較前數記，唯班固記「鑽木燧」稍細。但鑽木燧以何木，木燧有何狀，皆不清。如此，「鑽燧」、「鑽木燧」二說之義仍不清。許順湛以爲，「遂人氏之名可能是來自擊燧取火〔註 30〕。」他以爲，燧即燧石。眞相如何，迄今不

〔註 29〕陳立：《白虎通疏證》，中華書局，1994 年，第 52 頁。
〔註 30〕許順湛：《五帝時代研究》，中州古籍出版社，2005 年，第 7 頁。

知。此外，遂人「別五木」「改火」之記匱乏佐證。「取火」別說即《博物志》述削冰取火。郝懿行已證此說不足信（《爾雅義疏・釋草》，第15頁）。

「順而不一」語出《繕性》。「春季以出樵，終以納，異其時也。以濟時疾也。」諸事難以盡證。春季出樵者，春取居住地外薪。而「時疾」顯喻溫寒季更替致存火種乃至引火艱難。後數言半是半非：「九變七化，火爲之紀。謂木器液，於是範金合土爲釜」。「九變七化」者，言老陽變而爲少陽。老陽能告先輩大火星南正仲春，今仲春見大火星於西南。

「木器液」者，木以火流，故在熱隨煙散逸而致旁物塑形。「範金合土」本乎《禮運》。「範金」說在狄宛一期無證，第二期第I段亦無證。但「範合土爲瓦」有證，造器有度。

前考諸題，唯如何取火係要題。且此題檢討係揭示遂人號源唯一途徑。文獻記遂人「鑽燧」或「鑽木燧」唯前者名實不虧。「鑽燧」爲二事，鑽爲一事，燧爲一事。但「鑽木燧」僅述一事，《禮記・內則》「左佩金燧，右佩木燧」係班固說之源。朱彬引皇氏曰：「晴以金燧取火於日，陰則以木燧鑽火也〔註31〕。」檢此說出自熔煉礦石生金屬之後，此係遂人功業之光大，而非遂人功業本相。其事類金屬敲擊引燃火絨。木燧似以易燃木料鑽而易得火星。輔以火絨。

檢「鑽燧」之鑽有目的物，此物即某種木料。「燧」非後世木燧之燧。《號令》：「與城上熢燧相望。」孫詒讓引畢沅據《說文》曰：「熢，燧表候也。邊有警則舉火。」又引《說文》訓「燧」：「塞上亭守熢火者。」又引顏師古《漢書》注云：「孟康曰：『燧，積薪，有寇即燔然之』（《墨子》第612頁）。」積薪者，薪縱橫相搭，風貫之，火能燃也。故燧字含木料有朝向之義。狄宛第一期、第二期聖賢能察木，生火則須交搭木料。

此外，燧字從隊，韻讀須從墮，述某物下墜，猶落火種於某處。字初係隋，後謁。此字述南北向槽。槽可爲地槽、可爲木槽。爲木槽者，在長木面上爲槽，導熱氣，防微風滅火苗。鑽木有窩，久鑽則透。此等取火之證物見於新疆〔註32〕。在無鑽頭時代，獨以勒刻槽而加熱。爲槽之器係大密度獸骨。

〔註31〕朱彬：《禮記訓纂》，中華書局，1996年，第514頁。

〔註32〕此等取火木料有鑽孔，鑽孔旁有導火槽。于志勇：《新疆考古發現的鑽木取火器初步研究》，《西部考古》第3輯，2008年，第197頁～第199頁。裴李崗遺址前賢不用木料鑽燧取火，而鑽堅硬石料。證物即標本M38：5，其上有若干圓窩，舊不識，詳《1979年裴李崗遺址發掘報告》，《考古學報》1984年第

此物即發掘者所命「骨鑿」。骨鑿在狄宛第一期屬稀罕物，《發掘紀實》述第一期遺跡起出骨器 36 件，而骨鑿僅兩件。考古界於此物操心甚少。狄宛第一期標本 H363：18，係其一。此物窄直刃，正鋒。而 H363 係第一期聖賢察氏宿之記錄。此處乃察日月行域，知日盛須知日在此處運行。早在以木爲鑽的之前，狄宛早期聖賢先輩曾鑽獸骨。其證係《陝西橫山縣瓦窯渠寨山遺址發掘簡報》圖七第 18 器，標本 F3：6〔註 33〕。發掘者以爲此物係卜骨。但其上殘存 6 個鑽痕鑽窩大小無別。鑽骨頭更容易得粦火。

以木物勒槽於熱月有兩便利：第一，易燃物在木上，受此物摩擦而受熱。骨爲陽物，便火生成。第二，骨殖含粦，高溫之下，或能游離。以木槽道之，游離之粦火不四散飄逸，故能聚攏。所謂隋人取火，不外言能聚火。而後引燃易燃物生火。但鑽木係另外生火途徑，與用粦火毫無牽扯。

「隋」韻讀須依古音，此字讀音近「墮」，謂落入。勒刻槽於木謀弱火（炪），使粦炪落入槽，順夏季熱風南北流而導引炪，使燃低燃點之物，此謂隋。經籍有證。

《毛詩・國風・召南・摽有梅》：「摽有梅，其實七兮。」鄭箋云：「摽，落也。盛極則隋落者〔註 34〕。」「隋」依陸德明音義「迨果反」、「徒火反」（《毛詩音義》上，第 8 頁）。字韻落於「火」，此證弱火起於生火器下面。

《詩・豳風・破斧》：「既破我斧，又缺我斨。」毛傳：「方銎曰斨，隋孔曰斧。」陸氏音義：「隋，徒禾反，又湯果反。形狹而長也。」（《毛詩音義》中，第 8 頁。）韻讀俱從火，述熱氣盛。

言南北向爲木槽，其證有二。其一，斗柄南指，陽盛。時在夏季。第二，南北向地槽。證在南北向地槽遺跡存於狄宛第二期第 I 段，此即地槽 G301。而此槽須名「隋」，亦爲星宿名。

《史記・天官書》：「廷藩西有隋五星，曰少微、士大夫。」《史記集解》：「隋，音他果反。」《史記索隱》引宋均云：「南北爲隋。」又云：「他果反，隋爲垂下。」前已考此地槽，不贅言。推司馬遷「曰少微、士大夫」之「大」讀「徒火切」，從火韻讀。陝西關中除大荔縣外，民以「代多切」讀「大人」

---

1 期，圖一〇，第 1 器。此物或係火鐮之本。推測祝巫以堅硬物樹立其面上，轉動而灼熱，引燃火絨。

〔註 33〕 陝西省考古研究院，榆林市文物保護研究所：《陝西橫山縣瓦窯渠寨山遺址發掘簡報》，《考古與文物》2009 年第 5 期。

〔註 34〕 《毛詩鄭箋》卷一，中華書局，1936 年，第 15 頁。

之「大」。但大荔縣人讀如「徒火切」。連前訓《東山經》「大人國」，此「大人」之「大」須讀「徒火切」，謂以火種便生存，益子嗣。總之，經籍記「遂人」本名隋，謂熱季勒刻骨器生火。隋人未鑽，但隋而生火。此聖人勒刻南北地槽，此乃古遺跡。連隋皇隋而生火於南北向勒刻地槽正夏，今斷隋皇之火非申戎氏之火。此火乃爟火，仲夏視見爟宿也。此火乃爟火。

如此，《夏官・司爟》:「掌行火之政令。四時變，國火以救時疾。」其國火之火謂爟火。而《盤庚》（上）「予若觀火」之觀，讀從孫星衍疏謂讀爟。《周禮・司爟》鄭注燕俗名湯熱爲觀，故在觀通爟火之爟，夏至天熱見爟宿於南方。故爟告熱。湯熱固堪言爟。隋人改火謂爟火紀年。

狄宛第一期之前迄第一期，聖賢能用火，此火來源不清。鑽探發掘揭露，舊石器時代狄宛有孤立火塘，但僅見一處，屬距今 1 萬年前遺跡，以自然石塊堆積，處於風城黃土〔註 35〕。以石塊圍攏火堆，此喻聖賢尚不知以瓦罐存火種。我斷定狄宛第一期末某年係隋皇改火爲紀元年。

人言隋爲隋皇，此亦有證。隋皇二字乃同義字，但讀音有今古之別：皇者，大也。皇爲今，大讀「徒火反」爲古。今陝西大荔縣方言讀如隋。此字初述「行火」，即從爟火正夏至。皇字韻讀從「光」。

3. 隋皇火紀以爟事爲樞考

1）隋皇夏至視見茾宿與爟火

（1）狄宛 M224 告隋皇功業

《發掘報告》述 M224 位於 T212 第 3 層下。穴長程 1.4、寬程 1.1 米。埋男骨殖不全，見下肢殘。頭向 15°，墓主卒年 45～55 歲之間。墓主東見犬骨架。

此墓壙藏骨出自某聖人，此聖人即狄宛第一期某聖人後嗣。此聖人即隋皇。於祝史，M224 墓主承襲隋皇號。此聖歿年上限恰歷三番日全食。此人曾爟事以便狄宛系統爲曆（《發掘報告》圖一九〇）。

欲便讀者察隋皇後嗣爟事殘跡，今將《發掘報告》圖一九〇擷下，並從脊柱、脛骨畫朱線，顯子午線、前日所與動向子午線。此二線乃揭示此墓穴隱事鑰匙。顧此墓葬平面圖含隋皇視見南方星宿之茾（井）宿、天樽、鬼宿、爟宿、天狗。

〔註 35〕《中國文物報》，2015 年 9 月 11 日，第 8 版。

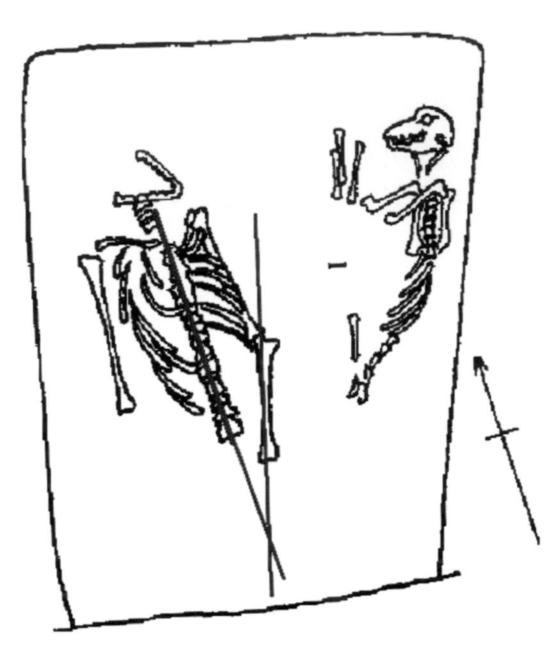

圖一一：隋皇正夏至依鬼宿爟宿蓴宿

檢埋葬者移去墓主若干骨頭，存脊柱局部、三角狀下頜骨、肋條、肱骨、左股骨，餘者盡去。手足骨盡去，無顳骨、面顱、顱頂、腰椎、髖骨、膝部。肋骨之序散亂，頸椎、胸椎間斷。存下頜骨，東邊犬骨之前兩足呈上舉狀，側視而見其狀如三角狀。墓不納瓦器，引人深思。此墓覆以 F249、F237。

依《發掘報告》圖三，T212 位於第 III 發掘區右上方，斷崖斜線以南第三探方。毗鄰第 IV 發掘區 T209。自 T222、T213、T212、T215、T218 右邊線、即 T210、T209、T214、T217、T326 左邊線畫垂線。必見此線係斷崖以內諸區中軸線。此線當子、午宮線。子午宮連線乃南察蓴宿、鬼宿、爟宿之所。此事匹配墓主骨殖擺放朝向。《發掘報告》述墓主頭向 15°，此言非謂顱骨朝向，而告墓主左大腿骨延長線與子午線夾角在黃經 75°。夜視此處，日行及赤道端點開始斜下。

又檢 F249 係狄宛第二期第 II 段遺跡。起出兩罐殘片，磨石 1 件，骨錐 2 件。兩罐深淺不等，骨錐無關節。戶向 210°，即正南偏西 30°。此線南延伸線度數大於 M224 墓主大腿骨延長線與子午宮線交角度數。室內過火地穴口徑程 0.6、底徑程 0.57、深程 0.35 米。前三尺寸測算有誤：穴深、底徑程俱須是 0.6 米，此穴乃直筒穴。諸尺寸度當日數須依某算式測算，詳後。

依發掘者測算，墻長程 2.52 米，折合 7.6 尺，寬程 2.28 米，折合 6.9 尺，相乘得底面面積約 52.5 平方尺。此遺跡起出骨錐 2 枚、骨笄 1 枚。骨錐透物，以顯熱氣透。此二物唯堪聯繫 M224 墓主。骨笄乃頂戴之骨器。依墓主脊柱與子午線平行，腿骨在南推斷，倘使墓主直立，佩戴骨笄面向南。如此，骨錐與骨笄乃追記 M224 墓主之物。而 F249 須係彼時隋皇後嗣尊隋皇之所，故爲後嗣宗廟。此構築物曾納隋皇舊物，骨笄、骨錐二等。不見木料、骨鑿。

又檢 T212 第 4 層下有 F250，與 M224 相鄰，戶向 105°，在東偏南 15°。合日所黃經 345°。起出穿孔圓頂珠蚌 2 枚、「石刮削器」殘部 1 件、陶彈丸 1 枚、無關節殘骨錐 1 件、殘骨笄 1 件、近圓柱體骨鏃 1 件、墻柱爲橢圓形。有筒狀過火地穴，口徑程、底徑程俱係 1.2 米，深程 0.44 米。如前述，穿孔圓頂珠蚌每枚當合朔一番，二枚當兩番合朔無誤。依 M224 墓主生年推算，此人曾三番合朔無誤。如此，F250 記述 M224 墓主預算日全食輪返。墻柱橢圓截面告喻，聖賢知曉某星體軌道爲橢圓狀，此軌道爲在蒼穹。F250 考釋揭示，祝巫察知天赤道日心水星上下合地軌、恆星軌橢圓、祝巫蒞日、行星日心系、地球位於日心天球秋分點等，詳後營窟 F250 考。

又檢 F237 爲狄宛第二期第 III 段遺跡，雍覆 F249 等，戶向 86°，較之緯線與子午線交角寡 4 度。戶道殘長程 0.95、寬程 0.94 米，爲方狀。有直筒過火曆闕（口徑、底徑程幾乎相等）。穴深程 0.35 米，同 F249 內過火地穴深程。起出大柱 3 根，不詳處所，不知何木，其色，故難推其義。

（2）M224 存隋皇見鬼宿爟宿蕣宿與天樽天狗正夏至

墓主下頜骨殘部如三角，其義不再限於人骨或下頜骨，而告某星宿，檢其狀似天樽。天樽三星在蕣（井）宿東，屬之，毗鄰午宮。前著考得狄宛第一期 M307 記聖賢已知弧矢宿，此宿屬井宿。考 M307 時，未得體統星曆義，墓曆義考釋不足。未澄清弧矢、蕣（井）宿曆義相屬。此葬闕曆義匹配 M224 曆義，二者與述子午宮線星宿，以正夏至。夏令推行事在狄宛第一期。彼時，蕣宿認知未廣泛傳播，故似房遺跡以圓底爲要。

故 M224 述星圖屬南方，而且圍繞蕣宿。蕣宿得名以構木有桃、火色當夏。巳宮西、午宮東，有鬼宿。鬼宿北有爟四星。爟四星側視如罐，有口有體，頗似直筒，此係 F237、F249 直筒過火地穴模樣之源。如此，即得推斷，罐出自尚象制器。此象乃爟四星星象。時值夏至。

鬼宿南有天狗七星，七星上下排列，上見星宿狀似狗前爪拱起狀。祝巫將天狗宿北移動，並於祝巫骨殖，赤道南北午宮星宿並列。日過午宮之義彰顯。關聯狄宛第一期 M307 告弧矢星象，而弧矢宿之北有天狼星。此星也述南方星宿。如此，我推測，天狗、天狼星名在彼時以犬名通。推測此名傳播須在申戎氏時代。

而 M224 狗骨陳列放天狗七星模樣。鬼宿四星，其中央一星曰質，色白（《史記・天官書》）。鬼宿、爟宿、天狗在一線，而天樽宿少遠。以其近菁宿，並於爟、天狗、鬼宿而顯日在午宮向未宮移動。

欲察墓主骨殖模樣表意，須察缺省。檢其骨殖無膝骨，此謂不屈，不屈者。直也。以其指向而直日所，故日數直。劉熙曰：「膝，伸也，可屈伸也」（《釋名》，第 33 頁）。墓主骨殖無脛無足者，取直（直）續迄地心也。此蓋謂正黃道與赤經互動之所也。爲火正者須得如此。劉熙曰：「脛，莖也。直而長似物莖也。」「足，續也。言續脛也。」無腰者，取約結而得小日値也。小日値者，精細日數也。要通腰。劉熙曰：「要，約也。在體之中約結而小也」（《釋名》，第 33 頁）。以足爲正者，足乃跬步之器。跬步爲度當之準。取脛骨旨在取直（値），此値得自步度。步度正，則度直，度直則日數直（値）。去諸骨節者，埋葬者也。埋葬者以去而顯指告也。彼時，任一墓葬，俱有曆義，此義涉存去骨殖與瓦器置向。第一期以降，渭水域見同類遺跡皆有曆義。

以後世承取論，足喻正之例，甲骨文金文多有。甲骨文正字從止、方。止者，足趾也。足趾在足，去足即能令止。此乃求算後數之基礎。「正」字韻讀從「井」，言下深在暗處視見星宿，挖掘即謂下深。地平以下不睹日月，但在幽暗處能恒告定日數、星體遠處交線度數。菁宿、鬼宿、爟宿如此關聯。對照附表一〇述墓主死亡年歲區間，又察其下頜骨底邊走向交黃經以 18° 許，知合朔曆算涉及 18° 或 19°，此度數乃交點年日數與回歸年日數差。倘使埋葬者告他人墓主功業，墓主曾謀算日全食。而且，此墓乃狄宛第一期日全食求算之最佳佐證。斯人逝去，地天交存其功而不誣。此等墓葬俱係葬曆闕。此祝巫乃正夏第一人或其嗣承者。依 M224 記星曆與周初銅器記曆算名「中國」論星曆義域，夏大於中國。以主宰者生存地域論，狄宛大於岐山。《夏小正》納遠古曆算，其本在此。

此聖功業在它地傳播。關桃園遺址前仰韶第三期 M23 値得深究。此墓埋男骨殖，墓主面南，頭向 354°，即面向午宮。骨殖擺放奇特，兩尺骨狀似狄宛第二期 M224 犬骨兩前爪相駢之狀。墓藏三足罐殘片（《寶雞關桃園》圖六○，1）。此墓主或係隋皇後嗣，他所爲乃爟事，即此人生前係彼時爟火火正。此爟事之證在於，此穴起出三足罐殘片。三足罐仍是罐。罐、爟韻讀同。前著考釋墓葬起源曾涉及此墓埋葬模樣，但未涉火正。而關桃園遺址前仰韶時期祝巫察星象之事不移。但西山坪遺址第二期 M4 骨殖之顱骨方位角 270°，面向正東，合日所黃經 0°（《師趙村與西山坪》圖 188），時在春分。此處乃察春分日出朝向，亦係察東垣之朝向。察春分亦須向此處查看。

依如上檢討，室內過火曆闕須命曰爟闕。依此推知，室外過火曆闕也是爟穴。如此，前炎帝時代過火曆闕俱係爟事。而且，爟事係曆算一隅。

2）隋皇爟事以化邑眾

（1）隋皇爟宿致用暨庖犧氏爟爲星曆功業初檢

前著考證，狄宛聖賢察豕負塗而知用火爲器，造六字而納寒暑之率爲六個月。遠在此前，聖人惑於寒暑更改，不知如何適應，不能預算，不能備食，更不能依時採食。地上景物樣貌變遷不能解此疑惑，聖人向星空探求，對照地上景物樣貌變遷等，而後能依月長之數納之。地上草木之狀變遷，禽鳥往來，獸舉動等俱係表徵。今須探問，聖人如何將目光投向夜空星宿？何以見得彼時聖賢喜好熱季而厭惡寒冷？如何知曉他們喜好每年熱季在寒冷後至？

晝夜之別本乎目睹而知。晝不雨雪，目睹日出沒。又睹禽如日飛而棲木，推知日（太陽）夜棲息於某處木上。鳥不便擒，能飛，故如日在天。渭水流域，禽寒往暑來類比禽主暑。

如日在天，月在天。獸狀變，日狀不變。以日類禽，以月類獸。《繫辭傳》記庖犧氏功業：「觀鳥獸之文。」京房未發此「觀」義。張惠言引張衡《靈憲論》嘗試釋義，未得「觀」義〔註 36〕。《周易集解》引荀爽曰：「乾爲馬，坤爲牛。震爲龍，巽爲雞之屬是也。」又引陸績曰：「朱鳥、白虎、蒼龍、玄武四方二十八宿經緯之文」（《周易集解》第 363 頁）。荀說觸重消息《觀》，但缺「觀」源考。陸績爲曆算家，其說以南方宿爲綱。此說乃不朽之論，足補前漢《易》學之缺，惜乎未引發深究。朱震曰：「鳥獸之文即天文。」他據《太玄經》「察龍虎之文，觀鳥龜之理」曰：「舉鳥獸則龜見矣，仰觀龍虎鳥龜之文，其形成於地。俯觀山川原隰之宜，其象見於天」（《欽定四庫全書薈要》《漢

〔註 36〕張惠言：《周易虞氏義》卷八，《續修四庫全書》第 26 冊，上海古籍出版社，1992 年，第 2 頁～第 3 頁。

上易傳》卷八，第 6 頁）。朱震概括不誤，但拘於楊雄「龜見」說，使《易》源牽扯於龜紋、灼龜，限於殷商占卦，故未得「觀」本義。

晚近，馬王堆帛書《繫辭》引人矚目。據廖名春釋文，此篇含「古者戲是之王天下也，印則觀馬於天，府則觀法於地」（《續修四庫全書》第 1 冊，第 25 頁～第 26 頁）。聖人號不須疑問，戲是即庖犧氏。廖名春未將帛書「印」「觀馬」視爲可疑記述，他顯將「印」視爲「仰」，「觀馬」視爲「觀象」〔註 37〕，不加考究。察學界此爲本乎不別今本《繫辭傳》上下兩篇「觀」別本記與心得。本記出自《易》傳者舊記，其源甚早。而心得出自聖賢檢討學行。今略述之。帛書《下傳》「庖犧氏觀馬」係庖犧氏本事記述。無論怎樣考證「觀馬」二字，皆須知曉，此記存舊事大體。而《上傳》「仰以觀於天文」之「觀」出自本記援引與擴張，由於「天文」名後起。同樣，《上傳》「聖人設卦觀象」出自《下傳》「觀馬」記述之擴張，非史跡。「聖人」不確指，而「庖犧氏」確指。庖犧之名古傳，而「聖」字後起。

檢「印」、「仰」不同。印（仰）喻「抬起頭」、「俯」喻「低下頭」〔註 38〕。《漢書・食貨志》:「萬物印貴。」嚴師古注:「印，物價起。音五剛反。亦讀曰仰」（《漢書》，嚴師古注，第 1182 頁）。《康熙字典》子集下卩部引《玉篇》:「印，待也。向也」（第 36 頁）。卩依《唐韻》讀「子結切」，顧野王釋:「瑞信也〔註 39〕」。依《玉篇》，「仰，向上也」（卷 3，人部）。印、仰須別而檢。帛書記字屬舊記，早於「仰」，甚至可以講，「仰」出自「印」譌變。但問以何處爲上？勉強聯繫星空，可設問庖犧氏曾不辨方向而「向上」嗎？此問揭露，依「仰」字不得舊義，故須從印訓。

檢「印」須依本字訓。印者，視上睹節氣之信（兆）。此兆頭即空中有征禽向北，昏察南北向星宿而見鬼宿，其北四星如納水之器，主熱之禽似往之。如此，庖犧氏察昏星空依熱季瑞禽自南而北征。如此，印義顯出。

「則」者，驗兆並合朔謀算日數而誌。「則」，《說文》卷四刀部:「等畫物也。從刀從貝。貝，古之物貨也。」《唐韻》讀「子德切」（第 91 頁）。韻讀從德，義涉繁育。繁育須依時節。故「則」述時節，而且時節依合朔計算，又依兆驗，銳物勒刻以誌，此即則字本義。

〔註 37〕廖名春:《周易經傳與易學新論》，齊魯書社，2001 年，第 200 頁。帛書第 32 行。

〔註 38〕馬恆君:《周易正宗》，華夏出版社，2007 年，第 527 頁。

〔註 39〕胡吉宣:《玉篇校釋》，上海古籍出版社，1989 年，第 5616 頁。

既見聖賢合朔曆算，驗以兆，例如鸛至鸛往，已勒刻。此勒刻堪爲遵行之準，行爲之界。在海貝流通前，河蚌初爲合朔之器。狄宛穿孔珠蚌、短褶矛蚌爲證。前考曆闕曆志納穿孔圓頂珠蚌係合朔之證。狄宛祝巫如何合朔爲曆而關聯卦畫，乃天文學史難題，後將補證。

合朔曆算又準乎禽兆，如是須問何禽爲兆？答曰：雚爲兆。言此兆託於雚，旁證係星宿之鬼宿北，有四星猶側斜容器，狀若倒水。禽北征自東南而西北者，在渭河流域多見。祝巫曾見。由此聯想雚北往遠處水畔。而此四星相聯之器口向西北開。自西北向東南劃線，線在子宮西、午宮東。此線又合冬至日察赤經線與黃道面交角。多墓葬見墓主頭向反方向以及似房遺跡戶頻見此角度，其故涉此。諸事足證狄宛聖賢如容成氏、隋人氏、庖犧氏等知曉冓宿、鬼宿、鬼宿北爟四星與熱盛時節聯繫。諸時節之兆與曆義俱以「觀」字補足。前「卬」記聖人仰頭朝向之細節，卩字瑞信細節俱被補足。

涉觀象之象，學界迄今未考其義。《繫辭・上傳》曰：「聖人有以見天下之賾，而擬諸其形容，象其物宜，是故謂之象。」此「象」異乎「觀象」之「象」。檢「觀象」之「象」記事不屬商朝、夏朝，而遠在狄宛第一期、第二期。「觀象」喻庖犧氏依熱季南方諸宿爲星宿之綱，執綱而總四方星宿。此「象」字是譌字，其本乃「爲」。

「象」字以形通「爲」字，而爲字本指馴大獸使聽從招呼。象即長鼻獸，早期甲骨文「象」摹寫獸長鼻〔註40〕。此字通「爲」，謂發聲訓令。許慎訓：「爲，母猴也。其爲禽好爪。母猴象也」（《說文解字》第 63 頁）。檢甲骨文「爲」字從長鼻獸象被牽引，古字家已訓（《甲骨文編》第 395 頁），此字喻「執以從」。聯戲是功業，執能關聯星宿，但不得關聯手足動作。須察能執何物，或何兆。

許慎言猴於物類即走獸。按《說文》厹部云：「禽，走獸總名。」但《爾雅・釋鳥》云：「二足而羽謂之禽，四足而毛謂之獸。」邵晉涵《爾雅正義》卷十八引《曲禮》疏云：「語有通別，別而言之，羽則曰禽，毛則曰獸〔註41〕。」若問，「通、別」之前古聖如何名地上四足物，空中二足物？聞者不能答。

〔註40〕高明：《古文字類編》，中華書局，1980 年，第 197 頁。
〔註41〕邵晉涵：《爾雅正義》，《續修四庫全書》第 187 冊，上海古籍出版社，1992 年，第 30 頁。

此對問足顯，漢儒記禽獸類說不協，此說包藏生物類名起源疑竇，後世研究者不察此疑。林義光、羅振玉、高田忠周、徐中舒、商承祚、郭沫若、馬敘倫、聞一多、李孝定、嚴一萍、金祥恒、曾憲通等俱未見此不協（《古文字詁林》第 3 冊，第 337 頁～第 345 頁）。而《山海經》頻述二足有羽之人，故在祝巫藉用羽而以禽當某種吉兆。

檢「禽」、「擒」相通，甲骨文有此字，作，孫詒讓《契文舉例》已釋。得獸即擒獲四足物，得二足物即飛禽。此字又通「離」，離者，羅也。庖犧氏定消息之所，離當南方，匹火。故某種吉兆即象徵南方星宿之飛物。帛書「觀馬」訓「爟爲」，「爲」訓放寫或用某飛禽羽而自譬吉祥飛禽。馬字係爲字之譌。「爟爲」告戲是將南方爟宿視如正夏綱領，又準乎某飛禽某行動方式傳告少者。此飛禽即烏雚。

「觀」、「爟」通，故帛書記觀須訓爟。「觀鳥獸」之「鳥」大抵出自謬認，字本爲烏。而烏謂烏雚。遠古，有萑而無「觀」。換言之，庖犧氏承前聖之教，加深認知南方蒦、鬼、雚、天狗、弧矢，以此爲綱，統西、北、東等三方。此斷之證在於《山海經》之《山經》起於南。南山者，察南方星象也，在夏至察南方星象，證在福臨堡 H41 體爟闕。

裘錫圭先生釋甲骨文「南方名」，他舉（京津 520）字，認定此字係「南方名」，正胡厚宣釋此爲「夾」之謬。他又正《甲骨文編》入、於兩名之誤。裘先生認定，此二狀本是一字兩寫，俱是「因」字。後字非《甲骨文字集釋》所言「死」字。他辨識京津 520 字象「大在衣中」，而「因」字係影母眞部字。裘先生舉故：「因字實象人在衣中，甲骨文有字，所取之象與因字相類。」「《餘一五・三》有字，象『大』在『衣』中。」南方爲何被呼爲「因」，此不爲裘先生重視〔註 42〕，大字當何讀，裘先生未言。

檢南方固爲「因」方，但韻讀非從「眞」韻，而從「正」，故在此字本字涉井宿讀音（後起），此字方框乃蒦宿內似框四星連線。後世隸定字見方正四邊，遠古無此。前引「大」所即井字，乃井宿摹略，第二字猶存井宿六星之中央四星連線。甘肅隴南人迄今讀「塋、鷹、影、井、正」以相似韻，此爲韻證。

〔註 42〕裘錫圭：《釋南方名》，《古文字論集》，中華書局，1992 年，第 50 頁～第 51 頁。

裘先生講京津 520 字象「大在衣中」，此說非是，應是「大在火中」。「大」讀「徒火切」。檢此字須讀「大火」，非「大在衣中」。大火星名源本此。而狄宛初有「火」星，以「火」告心宿二。而「衣」非字源，服飾從屬物候，無衣裳能生存。「衣」係服制孑遺，而服字本從「巿」，《周語》祭公謀父述周棄事本此，「服事」謂祝巫察宿正時摹略星象依營窟構築，詳後營窟星曆考。

檢京津 520 引申義是「南」，此義由大火星値夏至配日長引申而出。檢衣字本乎火字，其範狀即▢（後二・九・一，《甲骨文編》第 409 頁）。此字字源係狄宛第一期西山坪遺址赤色大火星摹寫。殷商文獻述視見大火星涉及高辛氏火正，非狄宛舊事，史考者須知。若關聯消息畫，須見此字二「六」先後，畫重消息須得《坎》。《甲骨文編》（第 356 頁）引林泰輔《龜甲獸骨文字》「二・六・二」衣字作▢，又省作▢（《殷墟書契前編》「三・二七・七」），增邊畫而見模樣增多，而字本狀未亡。上六、下六當間無畫，此謂省陽爻，八經卦畫坎是也。其所北方。南北以子午相聯，寒暑黃經 180 度當日差之謂也。

總前考，隋皇爟事被庖犧氏光大，庖犧氏時代察星宿以南垣爲綱，非以東垣。若依鬼宿爟宿盛於南（夏至）而論曆術，須言隋皇功業。若言戲是功業，須述其沿襲隋皇星宿知識，並以南方星宿爲綱。如此，能識隋皇、戲是功業關聯，能顯《繫辭傳》記庖犧氏於天文學貢獻之細節在於「雚爲」。

（2）渭水域熱季烏雚爲兆解

前言聖人準乎日夏至之所而察星宿。今須申述雚於「爟」、「觀」，乃至「罐」之義。此題檢討涉「雚」源，烏、鳥之別起源。

「爟」、「觀」二字俱本「雚」，此字源於萑。《古文字譜系疏證》元部舉「匣紐萑聲」，下列「丸」、「萑」、「雚」、「觀」、「歡」、「灌」等字，但不錄「爟」。作者舉萑字甲骨文狀，又引《說文》云：「萑，鴟屬，從隹。從▢。有毛角。所鳴其民有旤。讀若和。」《唐韻》讀「胡官切。」後云：或爲祭名，疑爲灌祭。於前者，舉例「萑歲」等。又云讀「觀」。作者又舉甲骨文「雚」，釋云：「從萑，從吅，會貓頭鷹鳴叫之意。」後引《說文》訓「雚」爲證。復云：「甲骨文雚，讀灌，祭名〔註 43〕。」如是，「萑」、「雚」義同。準乎此說，須斷聖賢造異字述同事，聖賢所爲，豈非「駢拇」？

〔註 43〕黃德寬等編：《古文字譜系疏證》，商務印書館，2007 年，第 2584 頁～第 2586 頁。

對於甲骨文雈字，眾說理路易檢。其要歸三：第一，雈係雚初文。第二，雚孳乳爲觀。第三，雈乃穫字。明義士猜測，雈、雚初同，後別。陳獨秀舉此二字一處，先雈後雚而訓「象雙目，鴟雚之目恒從高處下視，故孳乳爲觀看……。甲骨文即以雚爲觀字。」楊樹達以爲，雈借爲觀字。陳夢家以爲，雈即穫。饒宗頤以爲，卜辭「黍雈」即「穫黍」（《古文字詁林》第 4 冊，第 135 頁～第 138 頁）。前舉首說不誤。第二說不確。楊樹達言雈借爲觀。此言亦不確。義屬不明。陳夢家以穫解雈被饒宗頤採納，但饒解卜辭「黍雈」不通。我察「黍雈」之「雈」喻赤，即黍子成熟，其穗色赤。雈喙色赤，祝史以「雈」引用其喙色而言黍熟。

涉雚，舊說有三：第一，用如觀。第二，某種雀。第三，通假字「䨚」。《甲骨文編》述，「雚用爲觀」。《說文解字》訓「雚，小爵也。吅聲。《詩》曰：『雚鳴于垤。』」丁佛言曰：「雚觀鸛古爲一字。」高田忠周引《毛詩陸疏廣要》曰：「鸛，鸛雀也。」「似鴻而大。」楊樹達舉《粹編四五二》片卜辭「乙酉，酒雚，其受又？」後案云：「雚爲䨚之省文。《周官·大宗伯》云：『以槱燎祀司中司命䨚師雨師。』卜辭以酒祀䨚」（《古文字詁林》第 4 冊，第 141 頁～第 142 頁）。首說得通無疑。次說爲首說之本，不須疑問。末說値得考究。䨚即風字。檢《七音略》，「風」讀平聲，如「馮」，而「馮」屬並母字。此二字相通之義頻見於經籍。但雚、風二字韻相去甚遠。古字寡，依韻借，難以字形借。我疑心「酒雚」須訓「酒灌」。《郊特牲》「諸侯爲賓，灌用鬱鬯，灌用臭也。」灌本又作祼，以韻借而通（《禮記訓纂》第 382 頁）。灌祭用血。血色赤。似雚喙之色。禮書頻見灌通祼，爲何相通，前學不考。我檢其通，故在南北之色關聯而體。烏北歸爲玄，而朱色在焉。烏謂烏雚，其足喙爲朱。此禽寒往而孟春返回渭水，此乃通季節之謂，用水、用血行其教，此爲末非本。禮學家不究此源。而古聖睹烏雚乃吉兆。

（3）**烏雚主熱復返吉兆及關聯韻讀通考**

此題納二子項：第一，文獻記雚異能。諸記保存遠古某些念頭。諸念頭殘存以雚指盛熱舊事。而雚喙色赤象火係雚喻盛熱之關鍵。第二，雚韻讀包藏盛熱復返與大火星復見之義。此關聯須恃音訓揭露。此訓限於韻遷或韻轉。

遠在王之渙作《登鸛雀樓》前，《詩經》已記此禽。《豳風·東山》：「鸛鳴于垤、婦歎于室。」毛傳：「雚，好水。長鳴而喜也。」鄭玄箋：「鸛，水鳥也。將陰雨則鳴」（《毛詩鄭箋》卷八第 6 頁）。

《爾雅・釋鳥》記：「鸛鶇，鶝鵛，如鵲短尾。射之，銜矢射人。」郭璞注：「或說曰：『鸛鶇鶝鵛一名墮羿。』」郝懿行述《經典釋文》引字書云：「墮，古以爲懈惰字。」郝氏又引郭氏《圖讚》：「鸛鶇之鳥，一名墮羿，應弦銜鏑。矢不著地，逢蒙縮手，養由不睨。」郝云：「余按俗說雅烏，一名大觜烏。善避繒繳。人以物擲之，從空銜取，還以擲人。此即鸒、斯，鵯、鶋，鸒、鵛，鵯、鶝，俱聲相轉。」郝氏又據順天方言「寒鴉」斷曰：「寒」係「鸛鶇」合聲（《爾雅義疏・釋鳥》，第16頁）。

陸璣云：「鸛，雀也。似鴻而大，長頸赤喙，白身黑尾翅，樹上作巢。大如車輪，卵如三升杯。望見人按其子令伏，徑捨去。一名負釜，一名黑尻，一名背竈，一名皁裙，又泥其巢，一傍爲池，含水滿之，取魚置池中，稍稍以食其雛。若殺其子，則一村致旱災。」

毛晉注引《禽經》云：「鸛仰鳴則晴，俯鳴則陰。《廣雅》云：『背竈皁帔，鸛雀也。』《韓詩》章句曰：『鸛，水鳥。巢居知風，穴處知雨。天將雨而蟻出壅土，鸛鳥見之長鳴而喜。』《本草衍義》云：『鸛頭無丹、項無烏帶、身如鶴者。是兼不善唳，但以喙相擊而鳴。多在樓殿上作窠。《雜俎》云：『江淮謂羣鸛旋飛爲鸛井，鸛亦好羣飛。』陳藏器云：『人探巢取其子，六十里旱。能羣飛，薄霄激雲，雲散雨歇。其巢中以泥爲池，含水滿中，養魚及蛇以哺其子。』《自然論》云：『鸛影接而懷卵。』《禽經》云：『覆卵則鸛入水。』張注云：『鸛，水鳥也。伏卵時數入水。冷則不鷇。取礜石〔註44〕周卵，以助暖氣。故方術家以鸛巢中礜石爲眞物也。《埤雅》云：『鸛形狀略如鶴，每遇巨石，知其下有蛇即於石前，如術士禹步，其石阞然而轉。』南方里人學其法者伺其養雛，緣木以蔑絚縛其巢。鸛必作法解之，乃於木下鋪沙，印其足迹而倣學之。又泥其巢，一傍爲池，以石宿水，今人謂之鸛石。飛則將之，取魚置池中，稍稍以飼其雛。俗說鵲梁蔽形，鸛石歸酒。又曰礜石溫，鸛石涼，故能卵不鰕，水不臭腐也。《拾遺記》曰：『鸛能聚水巢上。故人多聚鸛鳥以攘刦火災。』《爾雅翼》云：『鸛生三子，一爲鶴，鳩生三子，一爲鶚，言萬物之相變也。《易》之《中孚》九二，鳴鶴在陰。上九，翰音登于天。說者以爲，鸛者別於鶴也。震爲鶴，陽鳥也。巽爲鸛，陰鳥也。鶴感於陽，故知夜半，鸛感於陰，故知風雨。鸛生鶴者，巽極成震極，陰生陽之謂也。今

〔註44〕此物性溫，能殺蟲、破積聚。生礜石能使水不冰，攻積冷之病。李時珍：《本草綱目》（石部第10卷），山西科學技術出版社，2014年，第273頁。

人通呼鸛爲鸛鶴。」毛晉注引郭璞《圖讚》後云：「此鳥捷勁異常，與本章意義不合。……」〔註 45〕。

依當代生物學研究，《東山》篇記「鸛」係烏鸛，拉丁名 ciconia nigra（鄭作新等：《世界鳥類名稱》，科學出版社，1986 年，第 52 頁）。烏鸛屬涉禽，俗名黑鸛，捞魚鸛、鍋鸛。烏鸛上體色黑，兼有金屬紫、綠色反光。枕、頸部全閃綠。頰、上喉輝紫，具金銅色反光。翅上小、中、大覆羽色黑褐，具青銅反光。尾羽輝紫銅色。前胸濃褐，有青銅色輝，下體餘部純白，腋羽如之。翼下覆羽烏灰色，微呈綠或紫輝。喙、頰得裸出部、足等色赤。

烏鸛食源有泥鰍、蛙類、蝦等。成雚育雛時，吐食於巢內。結冰期之外，黃河流域山區能見烏鸛。此禽營巢於懸崖峭壁間，難以攀援而及。其飛行時翅幅長達 1 米餘。能高地起飛，亦能平地起飛。飛行高度 300 米以上。

烏鸛以陽曆 3～4 月來，以 10～11 月往。最早 2 月底來，最遲 11 月遷去。其取食以清晨、中午、日落前 2 小時。覓食於人罕至之地。夏季（6～8 月）爲育雛期。巢內外育雛耗時 90～110 日（三個半月許）。秋季，烏鸛不再以家族活動，以家族混合活動。但鳥數不眾。11 月，氣溫下降到 0℃，由繁殖地向越冬區逐漸遷移。在育雛地，冬季 96～100 日內不見烏鸛，除非氣溫偏高。

在繁殖期，烏鸛居留期 237～254 天，離去期在 120 日許。越冬地在江南，譬如鄱陽湖。巢營築於岩洞、岩縫、峭壁凹平處。築巢 5 日到 10 日。巢碟狀，內徑 30 釐米許，外徑 1 米許，高 50 釐米許，深 13 釐米許，距地 30 米以上。產卵期 3 月下旬～4 月下旬，卵色潔白，重 80 克許，橢圓狀。孵卵期 33 日許〔註 46〕。烏雚在中國大陸屬 I 級保護動物〔註 47〕。

無論毛傳、鄭箋，抑或是陸疏、郭注，俱未能述烏鸛初識於何時。諸說俱不能述《釋鳥》「鸛鶇」「射之，銜矢射人」舊義。此虧欠致劉煥金等人認定，此記屬「無稽之談」（揭前注，第 18 頁）。

〔註 45〕陸璣撰，毛晉注：《毛詩陸疏廣要》，《四庫全書》第 70 冊，上海古籍出版社，2001 年，第 106 頁～第 107 頁。

〔註 46〕劉煥金等著：《山西省黑鸛的生態和生物學研究》，1990 年，科學出版社，第 7 頁～第 70 頁。

〔註 47〕中華人民共和國瀕危物種科學委員會編：《中國瀕危動物紅皮書》，科學出版社，1998 年，第 27 頁。

經籍檢讀不能導出恰當解釋，故其史學價值迄今不顯。今體訓諸記，並依檢譌之綱。此處檢譌爲旨，索譌故爲途。檢譌即檢事僞傳。索譌之途爲檢韻轉。否則不得譌成之故，還見舊事之體。

察事譌傳有二：一曰「鸛還射人」，其二曰「人殺其子致一村大旱」。其三曰「能泥巢而盛水存魚哺育」。韻轉涉鸛認知起源，以及此認知關聯曆算之力。此題解乃解前諸難之途徑。此題有四部：第一，郭璞注《釋鳥》傳其舊名墮喻何。第二，江南爲何名群鸛旋飛「鸛井」。第三，「背竈」、「負釜」與前二者有何關聯。檢此題須照顧「烏」、「鳥」字起源。

檢遠古無鳥字，但初有烏音。其證在於，狄宛第二期第I段已有考古界所謂黑帶紋瓦器。黑者，烏也。狄宛第二期第I段聖賢造口沿有週旋黑帶諸瓦器，故在黑帶能喻烏旋，即烏還。烏還者，往歲曾睹之烏今又來也。「烏」爲單韻自足，而且能寄託於疊韻。疊韻之後，得「烏丸」，烏丸者，烏猶丸轉還也。於韻讀，由還（丸）派生「安」。故烏丸疊韻乃訓「爟」、「鸛」樞紐。

檢鸛（雚）字遲起，但其韻之存證在狄宛第二期第I段有黑帶紋口沿瓦器。此禽尾短、身烏。烏爲色黑，火燒木料，積炭爲烏。故烏涉用火，用火得灰黑。由此推知，狄宛第一期以降聖賢承舊知，以烏命鸛。以「烏丸」命鸛又來。鸛又來在春二月。澄清此點，即能勘破陸璣記黑鸛別名：負釜、背竈。負、背同義。釜、竈俱用火而顯烏。郭璞記「墮羿」名須係最古別名，此名乃「烏丸」注解。依郝氏注，墮讀惰，惰韻讀從火。火喻爟火。羿者，射也。熱氣散發，乃至查看星宿，俱爲「射」。墮羿，即視見爟宿。由此得知，烏鸛爲古名，喻春夏時節星宿連續查看，諸星宿查看以鬼宿爲要。而且，查看時兼顧南方它宿。南垣星宿以冓宿屬星弧矢九星爲察星基準。弧矢之知，初本狄宛一期聖賢。此題已訓，揭前著。

基於前訓，今須檢「射之，銜矢射人」說可靠與否。禽類由於受某人石擊能記憶加害者，仇恨加害者。撰者幼年曾聞鄉鄰講述遭受鴿子攻擊。先是，他曾以石塊投擲飛禽。他不曾預料，鴿子能尋仇。由此推知，鸛目力佳，又能記憶，故能如鴿尋仇。但不能銜矢射人。即使鸛喙銜矢，如何射出？依此得知「銜矢射人」說蘊藏另外信息。「射」有二讀：《周易音義・比》讀食夜反，或食亦反。《廣韻》又音羊謝切，韻讀從夜。檢前讀本乎南宿屬星弧矢認知，其事在狄宛第一期前，而此認知記錄於狄宛第一期（揭前著第388頁）。後讀屬後起韻讀。由此得知，「銜矢射人」說本乎遠古冓宿認知傳授，此後譌變。烏鸛來北方當大火星配南宿之認知在口傳期間譌誤。

涉「雚」字樣變遷，亦須講求菁宿，而且烏鸛孵卵期間，大火星當南。此禽讀萑、鸛俱蘊藏此義。兩字之萑孳乳爲雚，故在萑字被補釋。古文字學者不詳此細節。檢「萑」韻讀準乎「呼丸」。丸者，圓轉也。擲丸於平地，轉動。擲丸於高處，自上而滾下。能轉還舊所。夏至時節，熱盛。鸛今又來孵卵，此曰還，猶如丸還轉。而此期間，大火星還歸往歲曾睹之所。狄宛第一期、第二期遺跡起出諸多瓦丸，其故在此。換言之，瓦丸有多義。「雚」韻讀從萑。而此字含**吅**，此部非二口，或曰非吅字上半或下半拆解，而係吅（《說文解字》卷二），《唐韻》：況袁切。段玉裁引《玉篇》曰：「吅與讙通」（《說文解字注》第 62 頁）。又檢此二讀俱從安，謂盛熱。安讀上聲。今甘肅隴南人以安喻水煎滾可飲。水大熱謂之煎滾〔註 48〕。故「安」讀在古有大熱之義。此義恰顯日夏至當菁宿。

又檢江南以「雚井」命群雚旋飛，群雚即眾烏雚。江南二字喻地面甚大，依劉煥金等人研究，鄱陽湖一帶係烏雚越冬地。由此推斷，彼地即江南，烏雚旋飛被呼爲「鸛井」。此名有時節界限。在此時段，渭河、黃河中游不見烏雚。「雚井」之「井」得自南垣井宿認知，匹配雚還南方之時節認知。烏雚南歸於井宿所當分野，在彼地旋飛，謀當時節北征，此即「雚井」。雚讀烏丸，即烏（雚）還越冬地。而且此地即荊分野，當天上井宿。在此地，烏雚滯留到春二月。在此期間，烏雚須嘗試地上熱氣足否，謀求以熱氣托住身體。據劉煥金等研究，山西省內烏雚棲息地氣溫升至 2 攝氏度後，烏雚來臨，並開始產卵、育雛。尚未北返，嘗試溫熱氣流能否負其身重，須旋飛，故有此名。

最後，查看陸璣記烏雚異能眞僞。陸氏曾言，（雚）「泥其巢，一傍爲池，含水滿之，取魚置池中，稍稍以食其雛。」泥巢即銜泥於巢而敷，以日曬之，彼在盛夏乾燥。倘若巢在避雨處，不被雨水浸濕而敗壞。烏雚又銜水儲於此處。後銜魚而盛於此，圖久哺幼雛。此說亦不確。劉煥金等研究告喻，雌雚孵卵 33 日後，育雛。育雛期爲陽曆 6～8 月，每日三次給食，清晨、中午、日落前 2 小時。巢內育雛以魚，巢外育雛以蛙、昆蟲爲食源。育雛由雌雄雚相與承擔。既然如此，雌雄雚輪流銜魚而至，足以哺育雛雚，故不需泥巢。

〔註 48〕涉此讀，《釋名》（卷四）用奄述飲曰：「飲，奄也。以口奄而引咽之也」（第 61 頁）。許愼：「奄，覆也。大有餘也。又欠也。從大從申。申，展也」（第 213 頁）。覆者，遮蓋也。煮水以水器，覆蓋能儲其熱氣，致速滾。飲者得水於口，奄之毋散，下咽，此爲飲。熟食熱飲事俱在隋人氏後。涉火熱容器之水，自屬隋人氏教化所致。

在此，須覓此謬傳本源。言雚聚水云云，本乎謬傳。此謬本乎以「罐」爲「雚」。雚來育雛，在熱季。熱則口渴，須飲水。以罐爲雚，混而以爲，罐即雚火雚能爲罐，由此產生謬識，定雚能泥巢爲盛水器，用以克火。而罐本乎燒製盛水瓦器粗坯。粗坯之一模樣被被呼爲罐。粗坯本乎用水和泥或取河濱細泥加工。謬言雚泥巢一說本乎用泥。但罐名源迄今不清，今須補釋。

罐讀本乎放雚烏丸韻讀。初爲聖賢祝禱器，以及飲水器。祝禱即祈願雚還歸渭水流域，譬如狄宛一帶。而且，放置此器於近巢處，雚易於從內得水。狄宛第一期有鼓腹罐，便於如此使用。此外，爟事用器，此器後被呼爲罐。其證在於，狄宛第二期爟穴出土物雖寡，但俱爲罐或罐蓋之類，《發掘報告》附表六爲證。

澄清謬傳之源，最後須察言傳諸謬產生之韻學緣故，並顯古韻之綱。古韻難確證，故在古韻之基在古音。在古音與古韻之間曾存綴連。而綴連前有三音爲韻基。此三音即烏、亦、阿。我察此三音通行於狄宛第一期，其本更早。源於何時，我無證據。但須斷中國音韻起於八千年前。今先依其成韻旁證雚爲狄宛聖賢知曉，並補它證，以顯韻讀與遠古認知歸納之關聯。

第一音係烏。此音乃諸韻源之綱。烏韻類熱，喻黑。日照能熱物，人以感日射爲熱，但日得名金烏本乎二事：其一，用火得烏。其二，目睹日久則盲，不睹周遭，覺漆黑。此二者使人以暗爲烏也。金烏之金喻日射之光投射薄霧，水汽折射等，使人以爲有金色。金烏之名以「烏」爲早，「金」爲後，故在冶金遲於範土火炙。

烏者，黑也。炭黑、煙炱俱屬烏。烏雚羽毛烏。而且，盛夏育雛。每歲往復。基於往返之別，又聯日往返、烏雚往返，後得烏丸韻讀。日圓，圓者，丸轉也。丸韻產雚韻。口言雚，聞者知其喻烏丸。烏丸謂烏還。此韻讀定型大約在狄宛第一期，第二期後傳播。前者之證在於狄宛瓦器口沿寬烏帶。後者之證有二等，二等即摹寫物象與摹寫官覺。物象即烏雚銜魚。官覺即人數秒連續看日將覺昏天黑地，不能辨向，但知烏雚一歲往返一番。二證俱出自河南臨汝洪山廟遺址附近。前者即河南臨汝閻村仰韶時代遺跡起出陶器外壁雚魚圖，後者即洪山廟遺址 W84 中腰圖樣。圖顯三物，位於等高線之上，左中右排列。中央似烏龜，兩側爲烏。考古界認定，後者係「金烏負日」圖，也有人比較諸多「金烏負日」圖樣〔註 49〕，但未考證本源與構圖基礎與韻學聯繫。烏韻讀能多樣通轉。

第二音係亦。日照落地，射爲亦。卑下之卑屬亦韻。後世入支韻。經籍記古以「昔」，音本此。察星宿，儘管其光幽熒，仍屬亦。受射，故類矢觸，依皮膚、臟腑之受，故知之。射禮源、男女事，俱從此派生。《墨子．經上》「知」論之「親」也本乎此。庖犧氏之犧，韻讀仍本此。竹書「戲是」二字韻皆從此。爲廟本之「宜」，其韻讀也從此。此韻與疊韻「烏阿」疊而變，致燧人氏之燧音。而此韻轉乃後世誤讀隋人氏爲燧人氏之本。隹韻讀本乎烏、亦連讀。

第三音係阿韻。此韻非「安」韻讀分裂而得前韻。《韻鏡》「內轉第二十七合」下羅、賀、歌、何、多、可，俱本阿韻。大火星之「火」韻讀本乎烏阿韻轉，其本爲匣母加烏阿。果、臥等俱屬此類。狄宛第一期有無匣母加烏阿，我不敢斷言，但確存在烏阿，此讀在狄宛第二期末段或第三期前段轉爲賀，此不須疑。賀讀「戶烏阿」，今日隴、關鄉下賀喜者言賀仍依此韻。狄宛第三期見陶面畫，其名爲「賀」或「羅」，此爲例證。而此物即《河圖》之本，後將別著而考。

阿韻轉而爲「區」（讀甌），《史記》述「鬼庾區」乃察天者，區字須準甌讀。此韻遷之證存於今閩南方言。閩南人讀「烏鴉」若「甌瓦」，前字讀平聲，後字讀上聲。

前第二音加齒音，得靜韻，井宿之井屬之，後起。耕、青、清同樣，冥、星、成、瓶、靈、刑屬之。連唇音得皿、孟。「孟」乃夏曆算檢討之關鍵字之一。而靈字檢討乃黃帝時代特點檢討之要素之一，《呂刑》記蚩尤定法爲其證。

「烏丸」韻生若干自足之韻。此韻流出「安」。「安」連清齒音爲「善」、連舌音爲「端」，連溪母牙音爲「劵」，連明母爲「萬」，連疑母爲「元」。連邪母爲「旋」。旋者，還也。連來母爲「亂」、「卵」。「安」連匣母，爲「旱」。陸璣言「若殺其子，則一村致旱災」。此說出自「旱」事。旱源本乎天氣乾熱而久不降雨。唐虞時大火星正南期間（陰曆 5～7 月），鸛育雛。而育雛即伏身。故鸛伏身期間，天氣炎熱，人覺其逼，猶如身後有受熱之釜，由

〔註 49〕袁廣闊：《仰韶文化的一幅「金烏負日」圖賞析》，《中原文物》2001 年第 6 期。

此產生「背竈」、「負釜」之名。恰由於此期間最熱，而易釀成乾旱，人以爲鸛主大火星正南，故能致旱。聯想鸛憎惡人害其子，報復之途唯有致旱。此乃謬傳其事致旱說之本。

前三音本爲一音自足韻，後世韻家不詳。今《廣韻》入聲下舉「物」韻，不涉烏（《廣韻》韻入聲第八）。韻下平聲之「尤」、上聲之「有」、去聲之「宥」俱涉一音自足韻之變遷。今《廣韻》不見字韻與史跡牽連。由此得知，《廣韻》之基固是《切韻》，而其作者陸法言等人已不體察烏這個自足韻，韻學研究不再能與體統知識形成，以及文明史研究關聯。韻圖研究終境限於時代，中西韻學之通達不能進入學人論題檢討視域〔註 50〕。

雚主火熱之念存於狄宛第一期，此事又堪以仰韶時代陶面畫證實。上世紀 1964 年後，河南臨汝閻村修渠、平整土地期間，起出甕棺、白衣彩陶、石斧、石鏟、骨針，以及眾多夾砂赤陶片。1978 年 11 月，栽樹者掘見甕棺十一件。無知村民砸毀不少。容骨殖之器多係陶缸，也見敞口尖底器、尖底缸容納骨殖。彩陶缸 3 件，一件陶缸敞口、圓唇、深腹、平底、赤陶砂質，口沿下有 4 個對稱鼻鈕，腹部一側畫圖樣，此圖高程 37 釐米、寬程 44 釐米，幅面占缸表面面積之半。此畫別二組：一組係鸛叼魚，一組係有柄石斧〔註 51〕。

數年後，此圖被范毓周訓釋。范氏立二論：其一，古人曾以它的鳴叫方式推測氣候變化。其二，閻村遺址起出陶畫鸛鳥叼魚，可能是當時活動在這一帶以觀鳥爲圖騰的鸛氏族用以表示其圖騰信仰〔註 52〕。

范氏斷鸛寄託信仰，又引《大荒南經》述驩頭爲鯀、炎融後嗣，並講炎融即祝融，此說不誤。但他未察，仰韶時代雚乃烏雚，記錄前仰韶時代雚主火之時節與星象認知。若順范氏訓，此圖天文史學價值降低。此外，此圖於中國語言之韻學起源與傳播檢討有莫大佐證力。依此圖可斷，仰韶時代之河南臨汝閻村先賢記烏、魚韻遷。《廣韻》韻上平「初」、「居」、「且」、「虛」、「予」諸字能記前仰韶舊事。仰韶時期史官記事可溯跡狄宛第一期、第二期。此圖右半石器不得訓鉞或斧，須訓「斲」，謂所。即察烏雚象徵之日所。此讀從「烏阿」，喻舒坦。若讀斤，從「心」，《唐韻》讀「息林切」，但此韻讀非古。推

〔註 50〕方孝岳作《廣韻韻圖》甚有系統，但無韻史研究。

〔註 51〕湯文興：《臨汝閻村新石器時代遺址調查》，《中原文物》1981 年第 1 期。

〔註 52〕范毓周：《臨汝閻村新石器時代遺址出土陶畫〈鸛魚石斧圖〉試釋》，《中原文物》1983 年第 3 期。

古韻須從「靈」，喻火。石斤砸石冒火星，以火星爲物，此讀炪。敲砸謂斲。視見星象或星宿以見火星比喻，故今言石斧、斤，於星曆家謂星所。依烏雚能正節令，《夏小正》記之：「黑鳥浴。黑鳥者，何也？烏也。浴也者，飛乍高乍下也。」王聘珍援《說文解字》述「烏，孝鳥」（《大戴禮記解詁》第 45 頁）。孝謂教，即戲是等教化也。

無論劉煥金還是范毓周檢討，俱將「鳥」納入考察範圍。於劉氏研究，此舉固無瑕疵，但范氏用鳥爲總名檢討，此途非是。彼檢仰韶時期古物，固不得以後世名論早期之物。鳥官之鳥與烏本不涉連。甲骨文鳥出自摹寫鳥狀。鳥狀較之烏色便於摹寫。故甲骨文有此字。而烏雚既俱鳥狀，又有黑色。狄宛第一期聖賢不能寫其色與狀，故久遠之後，聖賢造字初，不能寫之。今甲骨文不見烏字，其故在此。而且，以卜辭爲首之商、殷史冊寡見烏字。但在西部，周早期有此字，而且此字全異於鳥字（《古文字類編》第 224 頁～第 225 頁）。周早期、中期、晚期及春秋烏字若非有數字之跡，必見風吹絲線之樣。此二者俱能印證，烏曾述氣動，曆算之義。而此事遠在卜辭研究者檢討話題範圍外。

末了，須察毛晉引《易》說之本，並討其是非。察《爾雅翼》第十五卷不具此說本乎何人〔註 53〕。檢惠棟《易漢學》卷七，並紀磊《九家逸象辨證》知此說本乎朱震：「巽後有二：爲楊，爲鸛。項（安世）曰：『鸛，水鳥，能知風雨者。』朱（震）曰：『震爲鶴，陽禽也。巽爲鸛，陰禽也。』」紀磊評曰：「朱氏陽禽陰禽之說亦強區別耳〔註 54〕。」

檢紀氏評不誤，經文配卦畫不涉陰陽禽之別，唯涉鶴知節氣之變，由鶴及旁禽，含鸛。《周易・中孚》九二爲陽爻，與上二陰爻合爲八經卦震。震爲動。動者，使動也。鶴爲氣動，故鳴。「在陰」者，察陰將轉陽。「在」訓察。「陰」，時節爲陰。《中孚》、《復》當冬至時節。天將寒極而轉暖。「其子」者，雌長鶴、雄少鶴也。巽爲長女，艮爲少男。冬至時節，鶴已徙江南，鸛也遷至。經文不涉陰陽禽，朱震強說，不見《中孚》次爻與上二陰爻巽象，第三陰爻、第四陰爻、第五陽爻艮象。此爲朱氏謬源。清朝《易》學者未嘗澄清此謬，以致道光年間黃守平仍犯此謬，以鶴爲「陽明之鳥」〔註 55〕。

〔註 53〕羅愿撰，石雲孫點校：《爾雅翼》，黃山書社，1991 年，第 159 頁。

〔註 54〕紀磊：《九家逸象辨證》，《續修四庫全書》第 35 冊，上海古籍出版社，1992 年，第 5 頁。

〔註 55〕黃守平：《易象集解》（卷 6），《續修四庫全書》第 35 冊，上海古籍出版社，1992 年，第 21 頁。

澄清如上話題細節，基於菁宿、鬼宿認知之雚、爟、觀、罐相通之題不再使人驚愕。史家檢討遠古話題，不須再追求字樣產生時代，而須尊重舊事事主，以及其心念寄託之聲或韻，由其目、心而及其所知，其教化。唯如此，足以溯跡彼時文明內涵。

（二）第一期祝巫爟事暨域外貴烏韻曆義考

1. 祝巫爟事致摶泥造罐器

1）有巢隋人南方星宿認知給器坯固燒甓基

（1）有巢氏工於用木

《莊子·盜跖》「古者禽獸多而人少，於是民皆巢居以避之，晝拾橡栗，暮栖木上，故命之曰有巢氏之民。」

《禮記·禮運》云：「昔者，先王未有宮室，冬則居營窟，夏則居橧巢。未有火化，食草木之實、鳥獸之肉，飲其血，茹其毛。未有麻絲，衣其羽皮。後聖有作，然後修火之利。」

《韓非子·五蠹》「上古之世，人民少而禽獸眾。人民不勝禽獸蟲蛇。有聖人作，構木爲巢以避群害，而民悅之。使王天下，號之曰有巢氏。」

（2）夏交木以居暨平地柴巢

《盜跖》述「民巢居」避禽獸。禽獸之猛獸掠食，傷人性命，禽不能。晝不須避猛獸，聚而攻則無虞。暮則難聚，故須避害。此「木」謂樹木之木，抑或木柴之木，舊不考〔註 56〕。依後文，「古者民不知衣服，夏多積薪，冬則煬之，故命之曰知生之民」數言，知木謂柴薪之木，非樹木。

涉《禮運》，朱彬引鄭注：「寒則累土，暑則聚薪柴居其上」（《禮記訓纂》，第 335 頁）。段玉裁依鄭玄注云，曾即竲。許慎訓竲，北地高樓無屋者。段氏云，高樓上不爲覆曰竲（《說文解字注》卷 10，立部，第 501 頁）。案，竲謂透氣。

《五蠹》文義細節不清〔註 57〕。而其細節盡在「構木爲巢」。許慎云：「構，蓋也。」段氏注：「此與冓音同義近。冓，交積材也。」（《說文解字注》第 6 卷，木部，第 253 頁」。

〔註 56〕郭慶藩撰，王孝魚點校：《莊子集釋》（下），中華書局，2004 年，第 995 頁。
〔註 57〕王先慎集解，姜俊俊校點：《韓非子》，上海古籍出版社，2015 年，第 536 頁。

援木之時非在冬日，而在夏季。渭水流域，冬季木含水寡，木質脆而易折。春夏之木耐攀援。又檢民攀援木上能避猛獸害，無獸類則仿效禽類，而非返祖如猿類。所效者乃禽類居於木上巢內。禽類之上者爲烏雚。人在高處，故能近察鳥巢。其狀有圓者、橢圓。而且，諸巢以木相交而環。援木者能效之。

自此聖初率部援木避害以迄在地「曾巢」，時間流逝幾何，無人知曉。但此人後嗣自先輩學得此術，拓展而用，故構木於地。累柴似巢。野獸不便靠近。此人後嗣之後嗣記其先輩功業，衣宿名，號曰冓。《唐韻》：「冓，古后切」。韻讀從區，區者，天區之名也。后者，古有號而能令部眾者也。

先是，援木者在樹上便於察夜、晨星宿。此星象認知包藏夏季南方宿認知。積攢星象認知又在地上運用。由此，春末夏秋用木巢柴變爲習俗，地上用木冓巢。若言木料，今構木是也。圖謀寫記某種認知或傳授此等知識。

（3）有巢氏以迄隋人氏視見冓宿爟宿鬼宿等爟事

史前檢討者察知，有巢氏係中國文明史奠基者之一。而檢討者恒不深究有巢氏率部在夏季爲巢。倘使照顧生物學他類築巢在木動物，譬如類人猿、熊，似乎有巢氏之能不過爾爾。其實，援木於夏季絕異於在其它季節。而此差異奠定隋人功業基礎。古文明檢討者不曾察知此題。林河先生承認有巢氏於建築史貢獻，但未嘗究問北方夏季巢居之史學含義〔註58〕。他不知《禮運》述「夏曾巢」唯指北方先賢，而夏季曾巢於天文學起源有莫大助力。

有巢氏能援木於夏，在地冓木。冓木一題包藏星象認知與夏季，如前述。此認知即南宿之井宿認知。井八星横列河中。夏季係天河查看之最佳時節。在木者夜能睹井宿。檢《天官書》，井宿名東井。其本名爲何，今不知。察此宿模樣，如搭木有邊框。許慎釋井：「八家一井。象構韓形・甕之象也。古者伯益初作井也」（《說文解字》卷五，第106頁）。

檢更早字書，甲骨文井字初無・在核心，唯在戰國前金文添附此點。凡見此中點諸字，其狀合矩，知此狀非摹井宿，而係地上闕地得水源及井固摹寫。雲夢秦簡見此字中有粗點，偶見字狀復古，邊線弧狀。甕者，固定井壁土之器，而有孔洞，便於水滲出。其實物存於咸陽歷史博物館。《古文字詁林》引《甲骨文編》井字無一狀似井宿。而徐中舒先生主編《甲骨文字典》卷五

〔註58〕林河：《中國巫儺史》，花城出版社，2001年，第175頁。

引「後上一八・五」〔註 59〕字似井宿。此字係甲骨文一期字。而且，此字中無一點，解字者曰：「象井欄兩根直木，兩根橫木相交之形」〔註 60〕。

《周易・井》：「初六，井泥不食。舊井无禽。」惠棟援鄭注：「食，用也。四坎爲泥，巽爲木果。乾爲舊。在下無應，故井泥不食，舊井无禽。」疏云：「古者井樹木果。」故《孟子》「井上有李，禽來食之。」《象傳》：「井泥不食，下也。」「舊井无禽，時舍也。」注云：「下謂初時。舍於初，非其位也〔註 61〕。」

檢舊學未通釋「禽」，學人疑焉。疏云「古者井樹木果」最難揣摩，「古」謂何時，係難點。檢殷商以降，不須樹木果而食。虞夏時期，木果以時得食，故不須「井樹木果」。更早時候，也不須樹木果。《滕文公下》匡章曰：「井上有李，螬食實者過半矣。」螬，楊伯峻等以爲金龜子幼蟲食李果，金龜子食樹〔註 62〕。由此，知戰國前，「舊井无禽」古《易》義已喪。鄭氏逐字綴釋，虞翻言爻連具象不能發明舊義。

又檢舊說不全，故在古韻不具。韻讀、字義無以關聯。如此，推斷《井卦》舊名非以「井」命。案，《象傳》「舊井无禽，時舍也」謂捨棄舊營築（營窟），不可恃此營築曆日。舊營築記錄舊曆日。若欲曆日，堪援之，但不得盡用之。井謂營築之塹。似房遺跡、曆闕盡是、爟闕也是。禽者，經天之物，日類之，狄宛第一期鳥雚是也。《象傳》此言係語經，述曆日者言。坎義自此來。

星宿之井名遲起，但此名涉及有巢氏以降曆日。夏季曆日冓木生火於平地，能正冬至。但冬日正夏至即須在地穴冓木爲火（詳後福臨堡 H41 與體爟闕爟火正二至訓），「井」韻自此來。

若言星宿，不得言「井」，須言冓，其狀來自搭構木，構實色赤於夏。此字韻似彀，來自鳥韻，韻讀又近區、后。初知天區者別經緯向，耦別暑寒，於寒日謀鳥雚北還冓木，慰藉自己，又有占關聯節氣之象。依諸事推斷井宿本名是「冓」宿。《天官書》三垣星官多產生於東周以後，此題早有著述。

〔註 59〕《古文字詁林》第 5 冊，上海教育出版社，1999 年，第 270 頁。
〔註 60〕徐中舒：《甲骨文字典》，四川辭書出版社，1989 年，第 555 頁。
〔註 61〕中華書局編輯部：《清人注疏十三經》，中華書局，1998 年，第 46 頁～第 81 頁。
〔註 62〕楊伯峻、楊逢彬注譯：《孟子》，嶽麓書社，2000 年，第 113 頁。

（4）第一期祝巫傳八用朱印記柴巢爟事

「八」即前著援引標本 H3115：10 中央朱文。此字本乎祝巫傳喻，摹畫者受教而摹寫。有巢氏菁木於地，故爲祝巫。彼時，祝巫能給予邑眾安慰。信仰源於彼時，而非狄宛一期。菁喻井宿，其認知之記錄存於若干古器，也存於古器記「八」數。前著雖考標本 H3115：10「八」字模樣起源，以及相關天象，但未考數目義起源（前著第 114 頁～第 115 頁），術算之源未曾澄清，今補解此題。

檢此標本之「八」數本乎井宿八星，而且日全食發生於西元前 5840 年狄宛曆八月（前著第 454 頁、表四六）。數字用赤色此字背後係曆術，而此數傳承年數，今難考。但有一佐證，能喻此術初識須在狄宛第一期上限 50 年前：日全食每 54 年一輪返。前人知此，後嗣以 H3115：10 記傳。故須增算 54 年。

依此關聯，今知用赤色者乃祝史。彼等知盛夏菁宿所，也知火熱。而知菁宿者傳其認知於初改火之隋皇。由是得知，狄宛第一期祝巫先輩知井宿附屬爟宿、烏雚往返時節，返而孵卵，用火爲爟。此時，爟事在平地。用木料樣貌似井宿狀，生火焚燒，此即祝巫柴巢爟事。

2）自爟宿認知迄摶土燒器

（1）選紅土夾砂料摹烏雚喙足色朱

狄宛一期遺址起出陶器俱係紅陶。陶質以夾細砂者爲主，僅見很少泥質陶，無細泥陶〔註 63〕。均狄宛第一期兩段陶器係夾砂陶，紅陶占 32%、紅褐陶占 20%、灰陶 7%、灰褐陶 40%、黑陶 1%（《發掘報告》第 31 頁，表一、表二）。看來，祝巫欲燒黑陶，但以難而成者寡。依李文傑等研究，狄宛陶胎心處於內表層、外表層之間，含砂粒多，粗細較勻，係人孱入〔註 64〕。無機非金屬材料研究揭露，第一期陶器多採用夾砂泥片敷貼造坯，內外表層係泥質。孱和料即夾砂料。彼時邑眾採用含砂粒或泥質顆粒的粘土改變陶器粗坯強度，以及燒成後強度。陶片斷面查看結果是，火候不均，器表除紅色雜有青灰色。深腹罐區內可能經過滲碳處理〔註 65〕。

〔註 63〕《甘肅秦安大地灣遺址 1978 至 1982 年發掘的主要收穫》，《文物》1983 年第 11 期。

〔註 64〕李文傑、郎樹德、趙建龍：《甘肅秦安大地灣一期製陶工藝研究》，《考古與文物》1996 年第 2 期。

〔註 65〕馬清林、蘇伯民等：《甘肅秦安大地灣遺址出土陶器成分分析》，《考古》2004 年第 2 期。

裴李崗遺址起出陶片若干。陶片別爲夾砂紅陶、泥質紅陶。僅個別陶片係泥質紅陶〔註 66〕。興隆洼遺址起出陶器俱係夾砂陶，而且孱砂均匀。顏色有紅褐色、黃褐色、灰褐色〔註 67〕。

上舉遺址俱近河川。前賢不難獲得細土或細泥。雖無篩子篩土，求目數一致，但能拍碎土塊，晾曬並翻攪而得細土。狄宛等地瓦器顯以夾砂器爲代表。各遺址俱見細砂與赤土相混之例。前賢爲何不造黃泥器？學人知曉，粘土含鐵元素在高溫下氧化，泥胎色變紅。但爲何不加還原，使之盡爲灰陶？

如上赤色出自造器者初見而後依法放任，抑或此狀出自本欲，即造器者夢想成眞？造器者係何許人也？

前考狄宛聖賢傳爟宿認知，彼等知烏雚遷徙、往還。雚喙、爪色係諳熟之色。而烏雚乃吉祥禽。祝巫能以摹造此色安撫邑眾心態。出自此心，祝巫戮力以瓦器之色喻烏雚之類未亡。而此念頭在寒冷季節尤能撫慰求夏者之心。基於此念，紅土粘性被重視，而且以細砂孱入更改。受火後，器坯變硬而不裂。

狄宛一期黑陶罕見，此喻黑陶難造，而非聖賢不欲造黑陶。黑陶能喻烏雚羽色。苦於不能，狄宛系祝巫轉而取其次，造夾砂器坯。

（2）早期甑皮巖固燒罐器印記祝巫放雚摹造器坯

晚近，甑皮巖洞穴先賢造器之固燒研究已見功績。含砂泥坯晾乾與雙料混煉已被學界知曉。印記甑皮巖古祝巫造器坯而圖摹造烏雚念頭之證存於陶片表面之色。而其色似烏雚雚喙、雚爪之色。吳瑞等人研究者在甑皮巖遺址岩洞 20M^2 地表開挖 6 個探方，總計 10M^2，揭露 IV 個地層。第 II 層區別爲 II 前、II 後，距今 11000～6000 年。第 II～IV 層見陶片，屬砂質陶。含顆粒較細。其內層灰黑，表面橘黃、橘紅，由燒成氣氛導致。樣本 ZPY－01 未受 250℃以上火溫燒製，但屬捏成，係甑皮巖陶器雛形。此地陶器出自無窯燒製〔註 68〕。晚近研究未觸及此研究觸及關聯難題，譬如燒固途徑、燒固地方〔註 69〕。

〔註 66〕《河南新鄭裴李崗新石器時代遺址》，《考古》1978 年第 2 期。
〔註 67〕《內蒙古敖漢旗興隆洼聚落遺址 1992 年發掘簡報》，《考古》1997 年第 1 期。
〔註 68〕吳瑞等：《廣西桂林甑皮巖遺址陶器的科學研究》，《中國陶瓷工業》2005 年第 4 期。
〔註 69〕陳宥成、曲彤麗：《中國早期陶器的起源及相關問題》，《考古》2017 年第 6 期。

無論甑皮巖古聖如何燒固器坯，固燒成器諸器名與固燒時節二者曾存某種聯繫。此聯繫不與窯爐有無關聯。固燒與時節聯繫之本係祝巫認知力與展示認知力。祝巫依認知力造器，展示其認知力，而後能撫慰邑人。彼時，祝巫固不似後代學人能類別定名，但祝巫知某些自然現象。彼等能循自然現象認知而便謂。便謂者，以韻呼類象也。邑人從之，後見定例。今日名謂之源在祝巫初命物韻。前考「烏丸」韻讀係其例證。

在此，須澄清二題：第一，甑皮巖先輩造器器名何歸。第二，前賢造器坯時節。前者究問「何歸」，不外謀答祝巫造器念頭本源之問，此念頭即我逼近祝巫念頭。而後者須涉連祝巫念頭，更須關聯造器環境，尤其是天氣與節候。無前者，器無其「母」。無後者，器無其「父」。母給樣貌，父給骨體。

依陳向進、周海援引田野考古報告《桂林甑皮巖》首期陶復原圖，標本DT6（28）：072 本應是「半圓頭盔」狀器皿，似被先輩用於燒煮田螺，材料爲泥夾砂。中國科學院上海硅酸鹽研究所研究者檢驗揭露，此器未受 250℃以上火溫燒烤〔註 70〕。此器被名爲釜〔註 71〕，此名合當與否，無人探究。並此，起出早期陶器幾乎盡是罐。其故何在，未見討論。

檢此器命爲「濩」恰當。《毛詩・葛覃》：「葛之覃兮，施于中谷。維業莫莫。是刈是濩。」毛傳「濩：煮之也（《毛詩鄭箋》卷一，第 4 頁）。」「濩」韻讀從「烏阿」。「烏」喻烏雚之色，此色類人瞬時目力喪失而周遭渾黑，而此狀況出自目視日久，或火燒物黑。今人以炭化而言後者。「阿」喻「隆土」。此字屬水部字，但含隹。此字喻「煮」。甑皮巖「雙料混煉」瓦器俱須在燒固時盛水而煮，或並煮食物。早期固燒器幾乎盡是罐器，故在罐、爟本是一韻，其本是南垣爟宿認知導致古聖賢放爟宿模樣造瓦器罐。爟宿認知須在雚北遷期間，在渭水流域之夏季。而甑皮巖一帶不別冬夏，唯有旱季雨季之別。罐容水而受熱，煮熟食物。大雨如注，有器皆滿。此即祝巫初放爟宿造罐器之故。大雨在雨季，而南方雨季時段長，大抵相當烏雚北遷期間。但造罐須先晾乾。晾乾時段較長，須數日。雨季不便晾乾器坯。限定晾乾器坯時段，乃澄清罐源時段要題，澄清此題將補足「雙料混煉」說虧欠。

〔註 70〕陳向進等：《陶雛器——桂林甑皮巖首期陶》，《陶瓷科學與藝術》2016 年第 5 期。

〔註 71〕李文傑：《廣西桂林甑皮巖遺址陶器的成型工藝》，《文物春秋》2005 年第 6 期。

檢甑皮巖早期瓦器生成時段在某年雨季，合今陽曆 1 月迄 10 月底（狄宛曆 12 月、9 月）。桂林一帶，1 月迄次年清明節前，室內霉味不去，物件似吐水汽。空氣含霾粒，能附著物件表面。清明節後，日間下大雨，聲小而雨注。烏雚在此期間遷徙北方。每年 3 月迄 5 月受「南風天」影響，雨量豐沛，能達近 2000 毫米。此期間室外不便晾曬器坯，但能在穴內漸次陰乾，尤其在洞口。相反，若曝曬器坯，將致開裂。在洞內陰乾期間，不見烏雚。今問：聖賢唯圖熟食而造此器嗎？既能用火，埋而燒熟，不亦可乎？

我以爲，前聖造器出自顯擺其知曉烏雚往返節率，數月未見烏雚，而邑眾須出外動作，但苦於日間天氣不定，偶見陽光而霎時大雨。邑眾期盼旱季到來。祝巫謀求慰藉邑眾，故造罐器、濩而安定人心。由此推斷，瓦器在甑皮巖遺址產生時段不在距今 12000 年內某年旱季，而在雨季。烏雚降臨桂林、南寧、北海等地，在陽曆 10 月末到 11 月初。此期間，北方烏雚遍徙去。總之，祝巫爟事致瓦器產生。

2. 器坯平地燒固即平地爟事

1）無窯堆燒與平地堆燒用柴參差

（1）雙料混煉說之燒器竈使無窯堆燒說難以立足

考古研究者今已擯棄將定居作爲瓦器前提說〔註 72〕。有人認定，瓦（陶）器源於露天燒結，史學時段約當西元前 13000 年迄西元前 7000 年。此期內，曬乾粗坯置於露天柴草，堆燒成器。有時以泥土封閉燒窯（殘留灰坑），名曰「無窯燒陶」〔註 73〕。

瓦器燒固於露天說被田野等採納〔註 74〕。露天與否，須依有無窯室判定。而器坯固燒在否窯室完結，須依有窯無窯判定。有窯或無窯之問，又須依窯如何定義確定。倘若照顧雙料混煉之用火，以燒瓦器之竈爲窯，即依秦漢窯名判斷瓦器器坯固燒，無窯燒製（固）說不能立足。甑皮巖先賢造瓦器曾以器坯燒水，甚或並煮食物迄熟。而瓦器固燒終於首番使用。研究者實驗揭露，甑皮巖陶器雛形最初僅在晾曬數日後容納水或食物，用火

〔註 72〕吳震：《我對陶器起源問題的看法》，《文物參考資料》1956 年第 7 期。
〔註 73〕金岷彬、陳明遠：《關於「陶器時代」的論證之二——陶器時代的分期》，《社會科學論壇》2012 年第 3 期。
〔註 74〕田野：《考古發現與「文化探源」之二——陶器》，《大眾考古》2013 年第 2 期。

烘烤煮食，器不開裂。此器材料出自泥土與石英石碎料加水拌和，捏成後不須燒固〔註 75〕。此器盛水後見火，其材料受火不僅不裂口，而且更加堅固，此即學界所言「混煉」。坯器此性出自石英石受火後與泥條良好結合。混煉係加水即時燒烤。

在此須問，12000 年以來瓦器固燒固不可疑，雙料混煉說是否堪為窯源 12000 年之佐證？

（2）平地堆燒說之用火起源不清

李仰松先生依民族考古學調查，對照考古發掘材料，概括中國古陶器燒成技術沿「露天平地焙燒陶坯」，到「燒坯『草堆』上塗一層薄泥」，再到「臺地上挖掘兩個火道」，最後發展為「陶窯室焙燒」技術〔註 76〕。

李先生述露天平地焙燒陶坯，似一些人講平地堆燒。而在草堆上塗泥，此即我曾考「豕負塗」之器藝。此術源於前祝巫階段智者認知豕習性，仿效豕夏季負塗，豕負塗旨在抗禦寄生蟲，乃至抗禦大熱。器坯燒固時，草猶鬃毛，草堆之泥猶如豕負塗。焚燒即見熱氣蒸騰，猶如夏日豕負塗後日照見熱氣上蒸。闕地為穴用火事後考。

二十餘年後，程朱海、張福康等細察西雙版納傣族與西盟佤族製陶，類別燒固途徑與處所為三等。其一，平地露天堆燒。其二，泥質薄殼窯燒。其三，豎穴窯燒。第一種固燒依燃料參差固燒溫度稍有差別。

例如，將器坯置於地上平鋪諸木柴上，點火烤乾。趁器坯熱在周圍以木柴搭架圍城圓錐狀，下面用炭火點燃木柴。燒成須 2 小時許，溫度約 900℃，成器 30 件許。木柴燒盡即趁熱用蟲膠塗抹口沿。盛水器須內外面並塗。或：用稻草、碎木燒固。此前，先在地上鋪一層稻草，上鋪碎木片。器坯放在木片上。裝坯完畢，在器坯上、四周覆蓋厚約 30cm 稻草一層。燒成前，某處稻草燒盡，添加稻草。點火後 1 小時，溫度升至 850℃許停燒。每次燒成大小陶器百餘件。升溫迅速，保溫不良，溫度不均勻。有生燒狀況。

第二燒固途徑即「豕負塗」之改良。在地上鋪一層木柴、玉米棒，為窯床，將 20 餘件預熱器坯置於窯床，用稻草覆蓋於器坯四周，用稠泥漿塗抹稻草，使稻草表面有一層 1cm 厚泥皮，形成一次性泥薄殼窯。點火後，用手指

〔註 75〕鄒明林：《陶器起源考古新突破——桂林發現罕見「陶雛器」》，《陶瓷科學與藝術》2016 年第 10 期。

〔註 76〕李仰松：《雲南省佤族製陶概況》，《考古通訊》1958 年第 2 期。

在窯頂戳幾個直徑 3cm 洞，導煙。此途徑較之平地露天堆燒便於保溫良。窯內某處溫度恃出煙孔位置變更或增減。甚或可將近底面的泥皮稍掀起，導入較多空氣，迅速升溫。燒成時間約 9 小時，最高溫度的 800 度許。一窯燒成器 30 件許。

其三固燒途徑即豎穴固燒。在山坡挖掘。裝窯孔直徑程約 1.1m，側面開 2 個燒火孔。用陶片將器坯重疊，使器坯俱得火焰。升溫 600～700℃時，用稻草封頂，覆蓋陶器。800 度左右停火。固燒時段 2 小時許。若燒鉛釉陶，在停火後須立即把陶器取出，防煙薰致鉛釉發黑。窯內溫度均勻〔註 77〕。

如上細節使人深思。可疑問者如後：於第二等固燒途徑，玉米種植引入前用何燃料，或僅用木柴爲燃料。有無以木柴粗細搭配均勻火力。於第三等固燒途徑，裝窯穴直徑程 1.1m 有無講究。圓置木料如何起源，以及如何調火力。而火力之問涉及搭柴途徑。如此，瓦器固燒須聯繫搭柴。否則，瓦器固燒起源檢討不觸及遠古用柴，以及用柴之思向〔註 78〕。

2）平地菁木摹菁宿爟事固燒瓦坯

（1）用火依菁巢柴之平面與立面

檢討瓦器起源者恒不究問用柴起源，此係考證斷點。彼等如此行動本乎彼等以爲，今人能用柴，古人也能用柴。彼等不曾問，知火性同否用柴生火。

用柴於今人毫無懸疑。但於初知火熱、燒、燙者，搭柴絕非難與火燒聯繫。火燒即火，搭柴係用木。無論怎樣搭柴，俱能燃燒。初用火者能察火向，但未能知其源。迄先賢捏泥、塗泥於卵石，欲燒固泥坯，此時須貴火向。

欲得既謀火向，須先講求思向。循從思向，嘗試用火，而後驗或不驗思向，俱能導前賢用柴。而用柴不甚複雜。三根木柴縱橫相交即能維持燃燒。自初知以木燃燒，以迄擺放木柴合乎風向，聖賢嘗試幾何，無人知曉。

如上認知與火性炎上認知相遇，係用柴燒固棋譜基礎。今須確認，《洪範》記殷末賢人箕子傳「火曰炎上」知識本源「在昔」，「昔」喻遠古。火能燒烤傷人肌膚，前人知曉。但如何定義此物，曾係難題。檢古遺跡，得知狄宛第一期前聖賢已定其名，而且此名也是星宿，此星宿即大火星，天文史學所謂心宿二。其摹寫存於西山坪標本 T18　:35。推斷彼時已有韻讀，此韻讀即「烏

〔註 77〕程朱海、張福康等：《雲南省西雙版納傣族和西盟佤族原始製陶工藝考察報告》，《硅酸鹽通報》1984 年第 2 期。

〔註 78〕用心者，思也。思之導曰思向。思向乃謀決疑之根基。

阿」。如前述，烏喻烏雚或其色，阿喻「隆起」。摶土爲器，倒置，此係阿，此星升上蒼穹，在正南，也是隆起。大火星正南，時節是盛夏，時値夏朝前。此期間，雚育雛。取此時節盛熱之義，兼顧某種盛熱之色，後得火色與火性之名，此名故須是「火」。

今循前問，解答隋人時代用火之道。檢有巢氏功業在巢，而其名位曰冓。巢者，交構木也。初交木者於後嗣有恩德。不獨後嗣，族人也傳其恩德。隋人繼有巢，但交木之術未亡。隋人用火非自創搭柴之術，乃行有巢搭柴之道。後世言造瓦器須先燒固，於遠古不外冓而點火。冓即標題所言巢柴。而巢柴須使木柴心空，縱橫搭柴。縱橫搭柴並使心空之巢柴初本乎聖賢放盛夏冓（井）宿模樣。兩根木柴縱置，兩根木柴橫置，使之相交，如今井字。今所謂篝火之本係冓而火。其時在盛夏，其術貴交木。幼時家父欲避開村支書等人耳目，從速熬膠，須從速架柴旺火。膠桶懸於火上，在下架柴〔註 79〕。我初不知如何架柴，後受教而知搭柴須準乎交柴。搭柴即交木。隋人時代，有巢之術行，生火、旺火之道存。瓦器器坯固燒用柴火即巢柴，非隨欲堆積木柴。甲骨文冓述兩器坯相並，但拆散爲上下擺放，而且器口一上一下，頂端見疊。此係抽象摹寫瓦器並放之例。西方抽象畫有此術。又檢此字屬器摹外加交柴。例如《甲骨文編》卷四，一七冓字下引「寧滬一・八五」作（《甲骨文編》第 190 頁）。中有「一」喻覆蓋。由此推斷，迄殷商燒瓦器器坯頂上有覆蓋，非露天燒固。何時起用覆蓋，此字未述。此字後譌，上下「乂」譌爲「下六」、「上六」。此係平地巢柴固燒器坯之本。《古文字詁林》第 4 冊舉許愼後古字家林義光、高田忠周、馬敘倫、高鴻縉、李孝定、蔡運章、徐中舒等俱未澄清此字源（第 284 頁～第 286 頁）。殷商時代燒瓦器之所是否名窯，我未曾考證。待後學賢者貢獻心得。

前舉平地搭柴或平或斜，但非樹立而環。固燒器坯者須照顧單器坯或多器坯擺放。單者可支、多則可並。甚多則須疊。俯視器坯擺陣，外廓或方或圓。擺圓異於擺方。依此得知，初時祝巫從己思慮與安撫邑人所需擺放。故燒固前，祝巫也曾照顧器坯擺放外廓之俯視圖樣。此思慮即烏雚往來與季節聯繫。而且，謀求撫慰邑人焦慮之最佳途徑在於，以某途徑喻指烏雚回還。在——往——還事理在於循環。循環在於圓轉。故平地搭柴又可變爲樹立木柴而爲柴圈。

〔註 79〕上世紀 60 末～70 年代中，大陸民眾若非權勢線人，謀生艱難。罰沒之風無度。欲造木器而免被抄家罰沒，能爲匠工者，尤須提防夜遊神。

考古界檢討平地堆燒之內涵係平地巢柴。巢柴別平面巢柴與樹立巢柴。無論平面巢柴、樹立巢柴，二者之初狀本乎祝巫作爲。而且，巢柴乃爟事，爟事乃祝巫事。故平地堆燒檢討須是祝巫功業檢討。

（2）平地巢柴爟事成器在渭水域佐證

狄宛第一期遺跡片段旁證，彼時平地巢柴。第 I 發掘區第　層：土厚 0.05～0.2 米，土質軟，土色灰黃。含夾細砂瓦片，瓦片飾以交錯繩紋。下層土係生土。第 IV 區第　層土色類似，唯土質稍硬（《發掘報告》第 10 頁）。檢灰黃色土出自黃土與燒灰混合，又受力擠壓。兩發掘區灰黃色土軟硬不一，此喻彼時巢柴用柴質地不同。軟柴燒灰與硬柴燒灰不同。軟柴燒灰後，灰細軟。而硬柴燒灰偶見木炭屑，屬未完全燃燒。倘若在地上用火，火焰向上，地被燒烤而很難形成類似窯土之赤土。故而，狄宛第一期遺跡不見或罕見似窯土土色。此恰旁證，彼時先賢平地柴巢燒固，未嘗圖用火而闕地爲穴。第 IV 區下層見稍硬灰黃土，此告彼處用火恃硬柴燃燒；推測至少用構木。

此外，依《發掘報告》（下冊），狄宛遺址起出短褶矛蚌、勞斯珍珠蚌與圓頂珠蚌組合與廣西桂林甑皮巖洞穴遺址淡水雙殼類組合極似。此事告狄宛一帶曾有似桂林地區生態環境（第 865 頁）。如此，於狄宛祝巫，別樣混煉不爲難事。

師趙村開掘區 I 之探方 T113～T115 第 6 層見黃褐土，質硬。層厚 0.2～0.6 米。含炭渣、草泥土塊。起出瓦片。瓦器有紅頂缽、假圈足碗、「三足蛋形罐」等，屬第一期遺存西山坪遺址第 I 發掘區第 4 層屬狄宛第一期，見灰黃土，土質較鬆軟。厚程 0.2～1.5 米。下爲生土層（《師趙村與西山坪》第 13 頁，第 226 頁）。

發掘者言師趙村下層土有「炭渣」，喻木炭渣。此喻彼時先賢曾用木料巢柴。而草泥土出自草泥塊分解，散落於地。推測其色不純，而顯黑。此土塊非喻狄宛一期聖賢圖固燒瓦器而拌和草泥。其事歸「豕負塗」，即在若干器坯外廓圍繞軟柴，在軟柴表面塗抹泥漿。火燒之後，泥漿與未焚燒柴草結合，散落於地，後有草泥塊。編者言此器係「三足蛋形罐」，此名匱乏先賢認知系統支撐，故不確。今須補正。

檢此器須名「卵罐」，或卵壺，此係「烏」（壺）之佐副。壺先有而卵壺後起。壺名本乎烏韻加聲母。而烏本喻日照炫目，四周似有黑影而不睹物在，借喻烏黑。韻在影母。前賢造器坯，放日狀，故成器讀烏。自影母轉而讀匣母，故名壺。而卵字韻歸烏丸，聲母在來，同鸞。今讀壺基於匣母。韻烏丸喻烏還，如卵圓轉。而圓轉指大火星還或爟宿又見。故此器名記載狄宛第一期祝巫察星。依諸事關聯，今斷此器乃狄宛第一期代表性瓦器。

器三足本乎察大火星者歲內見大火星於三處：東、正南、西。此三處又不能均分三百六十度，造器者圖便而將器底三百六十度均分加銳下墊，此墊被視爲三足。均分之後，三足能象徵璇璣歲 360 日。我曾考三足器三足之本（前著，第 92 頁～第 95 頁），但不精詳，今補足。又檢前賢爟事基礎在於查看大火星三所，即東、南、西。此事之證存於狄宛第二期爟穴 K705，此穴有三處有斜坡豁口，發掘者不知爲何。我檢此爟穴殘存大火星察看，詳後爟穴考。

又檢此器外廓似卵，此卵非尋常所言卵，而係雚卵。彼時，先輩察雚往來去還，知烏雚育雛在熱季。祝巫造器本乎察寒溫，察寒溫莫若察候鳥往來爲兆。故雚卵於先輩喻吉祥之物。祝巫放雚卵造此器坯。

西山坪第 I 發掘區第 4 層見灰黃土，其事同狄宛 I 區下層見灰黃土，係燃燒軟柴所得火灰與土相雜之物。而軟柴也須依序擺放。

依《寶雞福臨堡》，第 II 區發掘區第五層見紅褐色土，較硬。厚 0.15～0.2 米。內涵有少量灰燼、紅燒土。依 II 區全部仰韶早期墓「打破」此層狀況，此層土構造時段不晚於仰韶早期（《寶雞福臨堡》第 8 頁）。檢此層土有生黃土，此層灰燼出自用火，紅燒土出自平地巢柴時段較久。紅燒土確係今所謂窯土。諸遺跡俱證，渭水流域祝巫曾平地巢柴爟事。知祝巫爟事，祝巫傳承有巢氏、隋人氏之能。若干代之後，繼嗣唯傳承諸能，以爲自然事爲。不知又過幾代，此二聖功業後被嗣君與邑眾口傳。後世史家錄志。

（3）狄宛第一期以降烏雚喜好傳於半坡

狄宛祝巫喜好烏雚係狄宛舊事。此事今堪旁證。自狄宛第一期迄第三期，祝巫喜好烏雚。渭水域內有烏雚，無白鸛。狄宛遺跡發掘起出鳥綱 63 件標本，鳥綱下見雚標本 2 件，俱係雚肱骨。起出地爲第三期與第一期遺跡，譬如標本 H375：25（第三期），H398：405（第一期第 II 段）（《發掘報告》下冊，附錄一，動物遺存鑒定報告，第 865 頁）。此二處見雚肱骨，足證狄宛第一期迄第三期有好雚之俗。

前著檢狄宛第一期 H279 虛不納器之故，曾援它遺址曆闕，譬如半坡遺址 H153，其底鋪墊河卵石，此曆闕納瓦器。若依關中長安民俗，此乃「引」，即甲物引來乙物，而且二者類同。譬如，母雞將產卵而不產卵，於是擱置一枚雞卵於雞窩。此卵爲「引蛋」。

今依狄宛第一期延及第三期烏雚喜好，推知西安半坡遺址祝巫也喜好烏雚，故以卵石類比烏雚雚卵，以烏雚孵卵而生雛雚類比放置卵石能引致器物成活。看來，狄宛祝巫曾將器坯固燒不敗視爲「成」，或視爲孳乳。而此類比掩藏大熱孵化之義。

3. 狄宛第一期末鬫地爟事爲曆

1）前鬫地爟事時段曆術

（1）爟事曆術貴在準鬫知日

爟事曆術係祝巫知爲。如前檢討，祝巫爟事初圖撫慰邑眾，謀去其急躁憂心，使之安於遇合而已。但洞穴爟事與平地爟事一般，俱有時節。在廣西桂林甑皮巖等亞熱帶洞穴，先賢睹雚即知氣候便於外出動作，無雚時節須擺設物件，以預雚將至。此時節本有廣曆義。先賢摶土「雙料混煉」巢柴是否有度當日曆算，譬如巢柴時擺柴底面爲方，以面積喻度當日之曆術，今不知。我推測，前賢初不如此精細，但知日數後，能爲此曆算。知日數基於知月狀鬫次，以見烏（日）次第，後得日數。

太初，日數計算始於望月，以望月爲朔，後算十五，再算十五，得滿月數。自望月鬫迄望月還，此間爲曆算，得 29 日或 30 日之月。而且，佐以月全食。前考狄宛曆算蓋本乎此。而舊曆革除又準乎日全食，其證在於合朔曆算起於狄宛。此題細節將在後考。而曆算涉連月狀，此乃不移主題。

遠在鬫爟事之前，尙鬫祝巫已知鬫地度當日算術。鬫地曆術致中國最早精確曆日術誕生。比較彼等，爟事祝巫節氣認知粗疏不精。爟事祝巫知悉鬫事曆術之後，節氣認知與日數認知並被新祝巫掌握。自此時起，曆術步入速進之軌。中國曆術系統誕生。此時代在狄宛第一期前。前著檢討曆術僅係其進益之狀。

（2）渭水域爟事承取鬫事曆日初證

此處講爟事祝巫對應鬫事祝巫。此處類別中國大陸太初祝巫如兩等：第一、鬫事祝巫。第二、爟事祝巫。鬫事祝巫能精算月日數，爲太陰曆術。爟事祝巫初在地行爟事。二事不相交涉。二等祝巫各司其事。何者更早，此題難答。依各大遺址地層揭露論，最下層文明堆積罕見地穴，但頻見灰土。依此，推斷爟事祝巫早有，而闕地祝巫遲起。而此階段遠在狄宛第一期前，距今約在 13000 年許。此後，摶土造坯匹闕地事。闕地賢者能概括月相如闕——圓之率，繼而導出曆日基礎。此後，闕事祝巫與爟事祝巫對立。但闕地術也能被爟事祝巫知曉。二等祝巫相互倚賴，撫慰邑人。此二事能夠相容。其證存於闕地爟事度當日曆術，譬如：臨潼白家村遺址前仰韶時期較遲遺跡。

在此期耕土層下，發掘者於探方 T313 下揭露前仰韶晚期紅燒土堆，其平面輪廓呈不規則圓形。長徑 2.6、短徑 2.4 米。紅燒土底係略洼平面。堆積核心稍厚於四周。燒土快大小不等，大者達 20～25 釐米。燒土快朝下一面凹凸，呈磚紅或褐紫色，朝上一面平坦，呈灰白色。凹凸面存留植物枝葉痕跡。土含碎藥片。一些陶片燒硫，一些變形。堆積旁有兩件陶器殘片，器可復原。發掘者推測此處紅燒土是一處燒製陶器遺跡，即瓦窯遺跡（《白家村》第 38 頁）。

略洼平面喻闕地不深。闕地不深有多故：或不須深掘，或深掘不能。此深掘不能喻曆日不精，故不知下掘幾尺。堆積核心稍厚於四周，此喻下洼處有圜底模樣。此狀能喻半天球倒扣上截球一層。截其上層，此喻薄而小。物小則遠去，物大則在近。依此推斷，前賢以此下洼闕喻時在冬季或春季，溫氣未降，天去人遠。推斷時節在年初。紅燒土塊似窯土，此處曾固燒器坯。固燒即須巢柴。燒土塊朝下面凹凸，故在覆蓋器坯。而器坯俱屬有圓弧外廓。並擺器坯與此處，逐層內傾，堆固後，依「豕負塗」將泥塗於柴草面上，泥在高處平面須下陷。側面見凸出。待固燒完畢，散熱取器後，泥皮散落，凹凸立顯。此處乃爟祝巫爟事之所。檢此處係平地巢柴向闕地巢柴爟事過度，又係爟事祝巫採納闕事祝巫技藝之證。

依前著度當日算術，今依前考測算此「洼地」長短徑程度當日如後：

長徑程度當日：

2.6÷0.33＝7.87

7.87×3.0416＝23.93

此數喻某年年初 1 月 24 日。

短徑程度當日：

2.4÷0.33＝7.27

7.27×3.0416＝22

此數喻同月 22 日。此月在何月，不知。推測在某年 1 月 22 日。此 1 月即狄宛 1 月，折合今陽曆 2 月。此二數差 2 日。此 2 日喻往歲與今歲查看烏藋臨渭差 2 日。究竟爲曆當年烏藋晚 2 日，抑或早 2 日，遺跡揭露者未曾供給平剖面圖，不能求算。循前著曆術，也可照顧平二分而加 2 日。但匱乏深程度當日數參考，不宜如此曆算。此度當日曆術不獨佐證，燂事祝巫堝採納闕事祝巫之能，而且旁證，前仰韶時期長安以東渭水流域環境未受污染。此等曆算乃中國環境有無變遷之術算證據。

狄宛第一期係闕燂事起源時期，其證存於某種觀象臺，此遺跡迄今被考古界視爲房址。F372 係闕燂事起源之證。此遺跡底部係地穴，穴納較多紅燒土塊。在「房基」西北穴壁上端發現有不規則紅燒土殘跡，長程約 0.4、寬程 0.5 米。紅燒土塊非本乎它處，而本乎此穴。此穴穴壁西北段有紅燒土。點火在穴底地面，巢柴旁用泥即能造成紅燒土。此處大抵曾用如造器燂穴。

河北徐水南莊頭遺址第 5 層堆積揭露 Z1、Z2 係闕燂事之證。彼地聖賢用火與狄宛聖賢用火有無關聯，迄今不知。而此二處遺跡外廓或爲望月狀（Z1），或爲闕月狀（Z2）。巢柴用火非均等，Z1 南部靠近外廓，紅燒土散佈多，Z2 東部紅燒土較多〔註 80〕。此二處也是平地燂事向闕地燂事轉變之證。

（3）曆闕埋骨見灰佐證

曆闕即前考曆日地穴。遠在狄宛第一期前，燂事初在平地，但後變而爲闕地燂事，便謂之即曰闕燂事。而闕燂事之所即闕燂穴，略名燂穴。平地燂事略名地燂事。而地燂事屬早期燂事。自地燂事轉而行闕燂事，此間變更不啻一番革命。地燂事祝巫掌管巢柴用火。闕地祝巫不得動用火種。我推測二等祝巫最初敵抗，甚或有翦滅與殺戮。此等殺戮如何展開，何派勢力強弱，今皆不知。迄今考證尚未深入此域。但狄宛一期墓葬見骨殘而陳佈星宿，用人骨出自某些賢者。而不知曆算與星宿者，或不知燂事者毫無祝巫之能，其人不被視爲能人，其骨不被視爲有度之骨，故非獵取旨的。階層之別在此時代已屬尋常。倘使強我推測，我推測闕地祝巫取勝。彼等知埋伏、知用坎、堝知日數、堝知晦暗降臨時刻。彼等諳熟月相與天氣變化。

此處講此紛爭時代在狄宛第一期，即前仰韶時期。此推斷之故在於，舊石器末與新石器初相聯時期地層無墓葬。墓葬唯見於萬年以內地層。總之，

〔註 80〕《1997 年河北徐水南莊頭遺址發掘報告》，《考古學報》2010 年第 3 期。

太初戰端肇於賢人，不爲怪異。彼等相爭，非圖私利，而圖大義。大義之爭者，告曆日抑或告節氣之爭也。爟事祝巫能依雚往來預節氣。曆闕祝巫能依度當日闡釋歲曆日數。面臨此等對照，爟事祝巫自認不能，故須從屬大義。即使某爟事祝巫察天象如何精準，犧牲在所不免。今舉前仰韶時期曆闕埋骨見灰爲證，訓釋此事。順道澄清考古界多年來未解之謎。

狄宛第一期遺跡發掘見「長方」、豎穴墓之 M15、M208 堆積紅黃色夾褐斑土，M205 堆積灰黃色夾花土。我以引號注長方二字，故在發掘者未嘗檢得，墓穴兩頭寬度不一，相差不小。此事涉及前聖查看天區。而墓穴堆積土色有褐色、灰色，灰色土涉地上用火。火灰土局部入墓穴。

前仰韶時期關桃園遺址第一期地層揭露地穴 H128，直筒狀。塡土褐色、含一些灰燼、紅燒土。納陶片若干。復原瓦罐 1 件（《寶雞關桃園》第 13 頁～第 14 頁）。此穴見灰燼、紅燒土皆闕穴前爟事祝巫在異地爟事遺跡。闕事祝巫移動諸物，埋於曆闕，喻往歲曾睹雚來雚往，於今即知雚往而將來。關桃園二期墓穴 M24 係橢圓筒狀穴，埋骨頭向偏西、仰面、腿骨殘斷，上肢也見斷痕，骨上有泥質紅陶缽，《關桃園》圖一三，1。第 19 頁。墓土灰褐色。此墓主顱骨殘破，有無象徵星象義，今不知。墓納灰褐色土，灰色即灰土之色。灰土即納灰之土。此穴無用火之跡，故灰土本乎它處。它處曾有祝巫爟事，灰土被移於此處。移動之故如前。此穴埋骨或許係爟事祝巫之骨。泥質紅陶缽或許係此巫初成之物，甚爲稀罕。若察顱骨面向，墓主面向東北。東北乃察東垣之所。墓主脊柱、尺骨、撓骨擺放，俱與子午線有交角，此墓絕非倉促掘穴、埋葬所致。其天文史學價值甚大，如前著揭示同遺址同期 M25。此處不再檢討此題。唯須認定，地爟事向闕爟事演變基礎已備。

考古界有人未勘爟事殘餘灰燼入闕之故，將仰韶時期闕祝巫埋旁人骨殖於納灰地穴視爲「灰坑葬」，並依此名將此等「墓葬」命爲「特殊墓葬」、「亂葬坑」、「祭祀或儀式」三等。此認知顯無天文史學支持〔註 81〕，不足爲說。其援引諸圓闕納骨與「長方穴墓」一般，俱係曆闕。其天文史學含義考證乃係要題，而我此時暫無精力嘗試。

〔註 81〕李小龍：《仰韶文化灰坑葬相關問題探討》，《文博》2015 年第 6 期。

2）闕爟事佐證要略

（1）臨潼祝巫爟事要略

臨潼白家村先賢曾在地穴爟事燒器坯。今存諸地穴唯一座含燒土快，即T120H10 有燒土塊，也有黑色塡土，也有陶片，碎獸骨，無可復原器。燒土塊可能是穴內燒火殘存，也可能出自它地。黑灰顯出自燒木。瓦片喻器坯燒固不成。其餘地穴納黑灰色塡土（《臨潼白家村》第 14 頁～第 15 頁）。

臨潼北牛遺址見某種被發掘者呼爲「窖穴」之地穴，位於 TG 西 20 米處。其北部由於取土破壞，存半邊。殘高程 1.40 米。穴狀圓，頂距地表 1.55 米。底平而圓，徑程 2.8 米。四周弧壁受燒烤，燒土厚 0.03～0.05 米。底係紅燒土面，厚 0.15 米。土質堅硬。穴堆積淤積土，色微黃，西南地面近壁處有較大卵石六塊及煙炱鬲足殘片。窖底正中有袋狀小穴，口徑程 0.6、底徑程 1.0、深程 1.2 米。塡土鬆散、色灰褐，內涵少，底平坦〔註 82〕。發掘者評定此遺址所屬時代當姜寨三期。

此遺跡仍係闕爟事遺跡。此穴係爟穴。其尺寸甚大，考古者難以聯繫竈坑。其正中小穴似龍崗寺第一期 H78 穴心小穴。唯此處底部小穴尺寸更大，而且狀似袋。此穴久爲爟穴，爟事頻仍，故穴底有紅燒土面。四周弧壁受火而顯紅燒土。西南底邊近壁見較大卵石六塊。推測六喻狄宛曆 6 月，蕃宿等可見。卵石喻烏雚孵卵。北牛遺址西臨戲水，而烏雚係涉禽。卵石所以在西南，故在烏雚自西南來，往西南去。此穴徑程 2.8 米，度當日 26 日。聯繫卵石六枚當六月，知某年 6 月 26 日曾睹井宿。

推測此遺跡係臨潼白家村遺址先賢闕爟事殘跡。而且，此闕爟事之穴核心袋狀穴係仰韶時期地穴。此闕爟事遺跡大抵係北牛遺址前賢追記舊事而爲。在姜寨早期，祝巫爟事而掘地穴遍見於渭水流域。

（2）闕爟事並燒器坯暨蕃宿係井宿名源補考

依《興隆窪發掘簡報》圖七，K127 位於 F220 東南部，打破居住面及生土層。圓角長方形坑，壁直底平，坑口長程 1.82、寬程 0.9、深程 0.26～0.3 米，圖九。坑內堆積黑灰色土、質地疏鬆。坑底散佈陶罐碎片與獸骨（圖九）。此穴被發掘者標誌如 K，喻竈坑，但未見壁面紅燒土〔註 83〕。K127 功用如何，迄今不清。

〔註 82〕《陝西臨潼零口北牛遺址發掘簡報》圖二之 1，《考古與文物》2006 年第 3 期。
〔註 83〕《內蒙古敖漢旗興隆窪聚落遺址 1992 年發掘簡報》，《考古》1997 年第 1 期。

坑內堆積黑灰土，喻此處用火，穴大而用火在中，壁無紅燒土。短期用火，不能產生紅燒土，巢柴焚燒見黑灰。焚燒柴多，堆積黑灰多。此處通風不暢，燒器不佳，起出瓦片喻燒器坯敗績。

依興隆窪遺址發掘簡報圖七，自 K127 畔過 F220 中央爟闕向 H358 劃線，平行於原圖子午線，在此處加畫朱線 AB 於原圖，得子午宮線。營窟內爟穴端口向東北，喻日在東北透射。正南爲井宿之所。K127 輪廓喻南垣井宿八星之二、三、六、七，故 K127 狀似不規則長方。原圖第 15、第 17 物在朱線之東，當井宿五諸侯之一、二、三、四星。K127 堝係爟穴，係前賢闞爟事之所。此所與營窟 F220 內爟穴當大火星匹配。二者俱係爟事祝巫爟事遺跡。此遺跡告喻，興隆洼前賢曾以此遺跡述夏至爟宿、井宿位置關係。

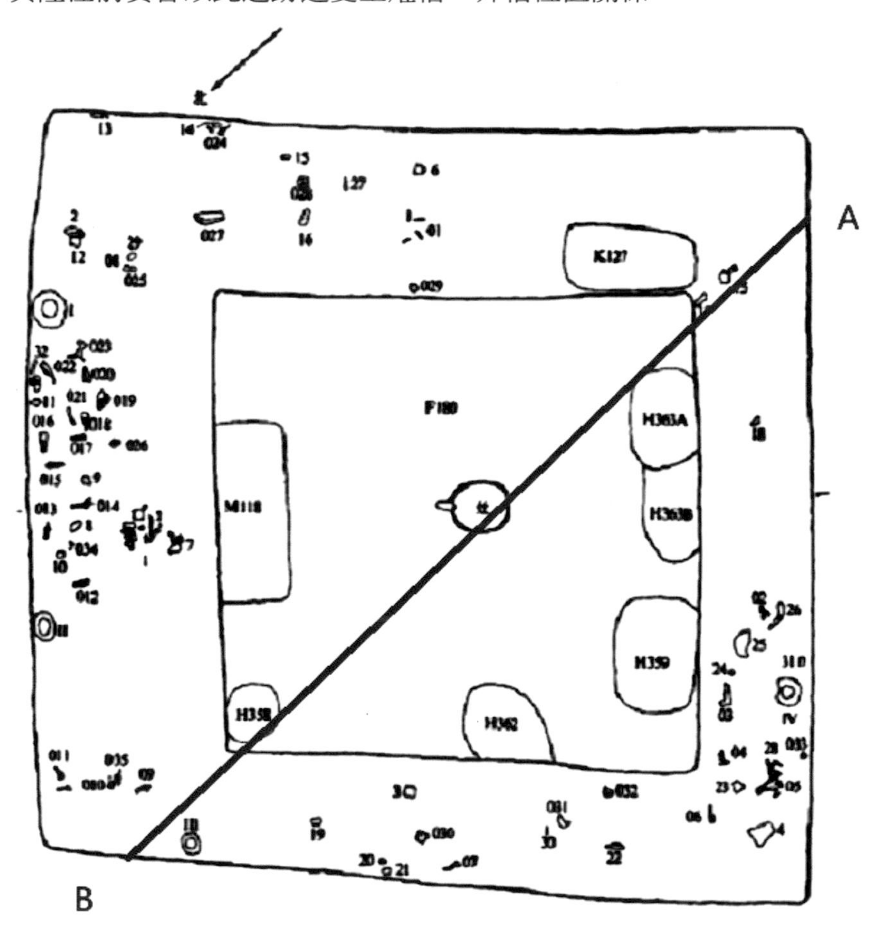

圖一二：興隆窪遺址大火星與葬宿等星曆

在此，K127 納土色足以增補《發掘報告》第 268 頁～第 271 頁述 M224 缺漏。檢 K127 納土色黑。如前述，黑灰色出自草木受火，即考古界名之草木灰之色。檢彼處第二期墓葬記述，未見一處細述墓壙土色。發掘者唯貴重壙見骨殖、瓦器或它器。土色未被重視。我未睹原始發掘記錄，但據輿隆窪 K127 納土色推測，狄宛 M224 納土須含黑色土，或納某物象用火後灰黑之器。否則，以犬屬南方宿而命火燒見灰。此黑灰色於向度、色配起源有莫大解謎之功。設擬祝巫占春分點，向北察、向南察，南有主熱宿，於日北返，熱在北，南以日旋轉遠去而須命曰水寒。於冬則以北爲水所。而《井卦》之坎，喻水，色玄。

《天官書》言「東井水事」，《史記索隱》據《春秋元命苞》云：「東井八星，主水衡也」（《史記》第 1302 頁）。《漢書・天文志》「東井爲水事」，「火入之」，「德成衡，觀成潢、傷成戉、禍成井、誅成質。」晉灼釋觀以占，又曰：「熒惑入輿鬼天質，占大臣有誅〔註 84〕。」

依前檢，井宿本名冓，即地上巢柴放之，類構桃熟時用火。反而聯繫冓宿，故以此而關聯用火。此乃班固言「火入之」星曆學本源。司馬遷言天官從其父傳，唐都爲傳。「東井水事」說本乎冓宿變而爲井宿。其源或在於造井。掘地見闕而有水，故言水事。東井者，黃道 270 度少東也，在午宮未宮間。冬至夜察日東行，故言東井。水主衡者，水以平火也。準乎黃經百八十度與零度線，春秋分而正東西察日所，夏至、冬至得平。夏至者，火盛也，冬至者水盛也。夏至日所黃經 90 度，敵對冬至日所黃經 270 度，兩垂線相交得 360 度四分度，故言水主衡。

涉「火入之」，歷代無考。晉灼引占書言大臣有誅，事涉「熒惑」入冓宿。占書言異象，歷代俱有。但占誅大臣，本乎謬引狄宛祝巫察熒惑冬至逆行南方（詳後 F709 星圖考）。

狄宛第一期，尚無水患遍地之事，故可言火旺而難治。須配水，故以「配水」命冓宿，此乃井宿由來。由此察「東井」「水恒」、「水事」，知「水事」喻以水配火。而坎喻水本乎坎配火，或其功逆火。功逆火，故配北。

3）補遺：素闕爲曆與闕爟火爲曆致曆闕類別

（1）「灰坑」類難

晚近，仍有人嘗試檢討「灰坑」名類，仍未得古人思向與行爲旨的。其

〔註 84〕班固撰、嚴師古注：《漢書》，中華書局，1959 年，第 1277 頁。

言論遠去闕曆舊事〔註 85〕。地下坎穴於考古者或喻窖穴，或喻灰坑。窖穴之名涉連儲藏。灰坑之名涉連穴內堆積土色，以及灰色土來源。少數人唯準乎闕納灰色土而定某闕係「灰坑」〔註 86〕。前著未嘗澄清諸疑，今須補解。

對照灰坑、窖穴二者，即見考古界用名指穴先後序列。學人講窖穴以喻初功，講灰坑以喻廢棄窖穴後，窖穴納土。土有色別，堪爲「文化層」佐證。於是，我等查得此二名轉換。無論考古界有無反思此等轉換及其背後思向謬否，以「窖穴」或「灰坑」不足以給地穴類別，也不足以甄別遠古聖賢功業細節。

細查考古界用此二名，能見此二名對於考古者有映照之功。言地穴爲窖穴，喻遠古掘穴被視爲故爲、欲爲，古人所圖不外藏物。藏物或器、或食。言地穴係「灰坑」，喻不納藏物而被填土。不存物故爲廢棄窖穴。

如上諸般狀況背後存在某種漠然與放任。而且，此等放任存在時段久達半個多世紀。前著曾述「灰坑」之坑本乎地穴曆術。地穴曆術本乎狩獵者在、亡念頭與在穴與否關聯。時念之源與日、月相向以及目睹在否關聯，增加準度後有度當日曆術。彼時，我尚未澄清窯、竈之源，故不得檢討地穴見灰與曆算關係。今既澄清有巢功業與隋人功業嗣承，狄宛第一期聖賢承襲，須藉爟事溯跡給地穴類別，以便發掘者精細揭露。此處類別地穴之綱在於闕曆之術，即前賢掘地謀求曆算。準此思向類別，能見先輩功業外狀局部。其內相存於曆術。

（2）闕地爲曆流變暨「灰坑」起源

遠在闕曆術誕生前，先輩查看月全食有年。後受狩獵用坎誘導、以及月相變遷誘導，祝巫闕地得穴。加程度喻日次，後得闕曆術。此時，闕而得穴即穴。不納物之穴係初穴。此等地穴名曰素穴，或曆闕。此等祝巫名曰闕事祝巫。

闕事祝巫動作之時，巢柴用火久行。而巢柴爟事在地面，爟事者也能爲曆，其曆術準乎不規則圓長徑短程度當日差記錄兩歲見烏藋日差。此期間，爟事祝巫、闕事祝巫各司其職，雖相與而存，但事不雜、不交。及爟事祝巫巢柴用火爟事成器，其燒灰足有象徵力，大火星或爟宿、冓宿（井宿）與時

〔註 85〕王萬忠、齊敏：《關於「灰坑」的來歷和翻譯辨析》，《人文天下》2017 年 7 月刊。

〔註 86〕王巍：《中國考古學大辭典》，上海辭書出版社，2014 年，第 18 頁。

節聯繫之念深入邑人之心，闕事祝巫謀得火灰或炭屑，須與爟事祝巫交涉。曾以某途獲得炭屑、灰燼，播撒於素穴。摻和土播撒於穴，此穴於考古者喻灰坑。灰色記錄用火之柴，或軟柴或硬柴。硬柴喻火盛、軟柴喻或火不盛。當年節氣曆算不妥。爟事祝巫燒器用柴被闕事祝巫用於曆記。赤色燒土見於地穴，而地穴無用火之跡，其事類此。此等地穴固堪名以「灰坑」。在此，得闕事素穴與納灰穴之匹配。

納灰、納赤色燒土諸穴異於納器或器殘渣地穴。器殘渣本乎燒器不成，或敗壞成器。燒器決於爟事祝巫。爟事祝巫能成器，也能敗器。爟事祝巫平地爟事燒器火力足，能成器。火力不足，敗坯。故器殘片與全器於闕事祝巫含義參差。在闕事祝巫、爟事祝巫相與而和之後，此念頭爲兩等祝巫與有。發掘者自某地穴起出成器或近成器，此喻彼時曆志記錄當年節氣與曆術匹配。史傳「容成氏」之成非謂城，而謂成器之成。依此，知納灰、赤色燒土地穴與納器、器殘片之穴對稱。此等地穴名曰納器闕。此器喻爟事祝巫器藝。發掘得任一瓦片俱記錄器藝。

如上地穴或係素穴或納器、納灰土，或與納諸物之穴模樣頻見參差。如此參差故在闕曆祝巫謀爲曆而不吝謀求形土之途。地穴或圓或方、或非圓非方，俱出自闕曆祝巫形土。以剖面言，或直或斜，或圜底或平底，或直筒或袋狀，俱係闕曆遺跡。

納物之念恒與曆術關聯，此題不須疑慮。今舉前仰韶時期迄仰韶時期兩事，以爲佐證。此二證之一出自關桃園遺址地穴納骨耜。2002 年，關桃園遺址前仰韶時期 H221 出土骨耜一件，標本 H221：10。依《寶雞關桃園》，H221 係前仰韶第二期地穴（附表一序碼第 33）。此書未俱此曆闕向度，今不考其曆日細節。發掘者以爲，多件骨耜出土供給了北方旱作農業起源、水準之實物佐證〔註 87〕。發掘者不知，此穴如它穴一般，俱係曆闕。寒月來臨，納骨耜以曆闕，此係後世「交農」起源局部。自此時迄來年一月，「季冬之月」，「雁北向」，「冰方盛」，「冰以入」，「令民出五種」，「命農計耦耕事，修耒耜，具田器。」大寒之後，得出耒耜，檢點當否修繕（《禮記・月令》，第 284 頁）。

〔註 87〕《陝西寶雞市關桃園遺址發掘簡報》（圖一四，第 2），《考古與文物》2006 年第 3 期。

交農即交戎，神農氏之農本名戎。器械用於耕即戎，後世兵戎之戎喻器械用於鬥毆。「交戎」者，戎器於寒月納於曆闕也。此時不便耕種，故以交戎喻寒月。安陽殷墟發掘者曾在地穴出土農器。安陽殷墟宮殿區地穴E181、小屯村北大連坑B14俱起出大量農具〔註88〕。如此集中農具曾被曲解爲奴隸主如何佔有生產資料，奴隸如何不得使用。曲解者由此導出階級壓迫說，爲階級社會說張目。此等謬見皆出自不知遠古曆爲乃闕曆爲，即形土爲穴曆爲。此等曆爲之高階即形土營窟曆爲。而諸器在冬季須掩蔽。此事絕非單純儲存農器。

闕納物別例即發掘者揭露闕納物，以爲此闕乃窖穴。西安半坡遺址H115袋狀穴納粟種。此處係浮選育種之所，而非存粟窖穴。前著已考曆術細節。總之，中國古文明史無窖穴事，有闕曆事。面對前考，學界若不欲改舊說，則須自覓諸應詰途徑。

倘使地穴乃用火之穴，此處仍涉曆術。此等地穴乃爟事闕曆之穴。不妨略名爟穴。此處用火燒器，仍爲爟穴。燒器坯本身不足以否定爟事在穴仍係爟事曆爲。但純用火燒器之所將命以爟闕或體爟闕。

4. 古代東西方烏韻豫熱略考

1）東亞烏韻告熱往還或告熱焦

（1）突厥與蒙古及俄羅斯遠東地區

烏韻入突厥語，轉爲kün，其支脈西南語族gün。作者一位德籍同窗，土耳其人，氏gündougan。我曾問他，知否gündougan義。他言不知，而且告曰：僅爲氏，父曾告知。我告此言不確，他仍不信。彼時，我未究突厥語音，但依古韻推測其氏定有含義。今檢gündougan係二字合名，前gün謂（烏）滾，dougan大約出自dogdi，此字推測出自土韻。兩字連謂日昇。日也謂熱〔註89〕。此乃中土烏韻流傳所致，源頭易知。

蒙古語烏韻仍存圓轉、熱等義。檢蒙古語與漢文對照《吉祥三寶》歌詞，知蒙文保存烏韻述日。倘使以爲，此證非古，今擇蒙古文最古烏韻爲證：方

〔註88〕李濟：《殷墟有刃石器圖說》，《安陽發掘報告》1952年第2期，第249頁、第722～第723頁。

〔註89〕路易・巴贊撰，耿昇譯：《突厥曆法研究》，中華書局，1998年，第48頁～第49頁。

言講某人事天或察宿，名曰 uil（視星象），丈夫 Shuul，天，通用烏韻，星宿尾韻也從 u，橢圓狀讀 eeruul〔註 90〕。陽、熱、火俱讀烏。

（2）兩河流域以烏告日

蘇美爾人讀「天」字依安韻，此韻謂滿度，即日行天球滿度。阿卡德人讀「天」以「沙姆」，字音有烏韻。阿卡德人又將天神「安因」變爲安努，字有烏韻。彼地宜居城：尼普爾、烏魯克。此二地名俱有烏韻〔註 91〕。

哈蘇納文化以哈蘇納遺址得名。散佈於底格里斯河畔摩蘇爾、辛賈爾。陶器以刻紋陶器、彩陶爲主。器模樣有短頸球狀罐，缽。繪赤色、黑色∧、三角紋樣。以泥塊築城底面圓或長方居室。石鐮石斧俱見〔註 92〕。推斷球狀罐之源不異於狄宛第一期卵狀罐。

2）愛琴海與埃及等地烏韻義類

（1）南歐之巴爾幹半島

考古者於 19 世紀末在巴爾幹半島發現若干新石器時代遺址。今塞爾維亞斯塔爾切沃文化，保加利亞得卡拉諾沃前期文化遺跡俱起出瓦器，其年代上限西元前 6200 年許。斯塔爾切沃遺址位於貝爾格萊德附近斯塔爾切沃地。彼地已有耕作，穀物以小麥、大麥爲主。瓦器有圈足缽、盆，精粗俱有。彼地起出物有某種瓦器殘部，狀似短尾禽尾。彼地先民能造陶俑（揭前著，第 18 頁～第 19 頁，圖 1－13 右列第 3 器）。據查，塞爾維亞 Старчево 位於 Danube 河北岸，此地以「斯塔爾切沃」對音。以古韻讀查看此地名。斯拉夫語言之 vo，韻源不異於 ue，即「烏阿」韻。在河畔，自能目睹烏雚、白鸛。短尾禽短尾狀燒泥係彼地先民放雚尾固燒。

（2）埃及

古埃及人似曾喜好雚鶴，圖 155 浮雕有涉禽，譯者命之「灰鶴」。檢其狀不異於雚鶴。野鴨也受喜愛，譬如圖 118 係古王國時期壁畫，畫面有三隻野鴨〔註 93〕。

〔註 90〕孫竹：《蒙古語族語言研究》，內蒙古大學出版社，1996 年，第 51 頁～第 67 頁，一些音標不見於 Word 軟體，故以拉丁音標替代。
〔註 91〕涂厚善：《古代兩河流域的文化》，商務印書館，1964 年，第 22 頁～第 41 頁。
〔註 92〕李連等：《世界考古概論》，江蘇教育出版社，1989 年，第 90 頁。
〔註 93〕毛君炎：《古埃及兩河流域藝術精品資料圖集》，中國工人出版社，1992 年。

古埃及僧侶預告尼羅河水氾濫係大事之一。預報依據即天狼星隨日昇於地平線上。此乃尼羅河氾濫之兆。僧侶依此關聯觀測日運動於恆星之間。他們見天狼星能在熱月與日同昇。此時，尼羅河氾濫。新年起算。他們建造長廊，口衝天狼星昇所，長廊遮蔽晨陽，以便清睹天狼星。此觀測途徑改進後，他們發現，天狼星每番與日同昇非間隔 365 日，而間隔 365 又四分之一日。後來他們每四年補一日，其預報甚精〔註 94〕。

古埃及人稱天狼星爲 Sothis，是「水上之星」的意思，即尼羅河溢流上岸之星。其元音有歐、亦二者。歐韻堪視爲烏韻變來。天狼星拉丁名 Sirius，本謂「烤焦」。彼時，人們以爲，天狼星與日與昇即夏季。焦即棕色或黑色，總之此名謂色暗。其韻在 rius。韻從「亦烏」。天狼星屬南方七宿，在茾〈井〉宿南，鄰鬼宿之爟宿。

（3）印度

檢梵文——英文字典，見 लुब्धक 謂 star sirius，此言讀如 lubdhaka。求教於通梵文友人范民先生，得如此名謂獵者。我考獵者有二義：第一、古印度野犬爲獵者，食人。由此義派生貪婪、或慾盛。犬又屬陽獸。陽曆五月爲旱季，六月雨季，天熱而草木盛，故獸類捕獵頻仍。第二，獵人。人能捕獵，此乃謀食之途，猶其它動物。謀獵之獸、謀獵之人，俱有強大欲望。而此欲望來自太陽。而此二者相合，合乎日在東井天象。而吠陀（veda）之 ve 韻能轉爲 u。此外，若言信期或週期能見星體，印度古字須含 u 韻，譬如 yuga〔註 95〕。

3）西文烏丸韻涉星體熱還義選訓

（1）拉丁文 unitas 與德文 Eins 音何本

多年前曾自問，拉丁文、德文、英文「一」字何以得通？西方學者如何能泰然面對模樣迥異三字而表義不誤？我試在德文網站字典網頁檢德文 Eins 義源，僅檢得其哥特時代讀如 ainata，古高地德文讀 einaʒ，字源不清〔註 96〕。古英文去古德文不遠，英文字源也不清。

〔註 94〕Stuart J. Inglis: Planets, Stars, and Galaxies. John Wiley & Sons Ltd., New York, London, Sidney, Toronto 1976. 李致森等譯：《行星恆星星系》，科學出版社，1979 年，第 2 頁～第 4 頁。

〔註 95〕鈕衛星：《西望梵天——漢譯佛經中的天文學源流》，上海交通大學出版社，2004 年，第 2 頁。

〔註 96〕http://dwb.uni-trier.de/de/（Deutsches Wörterbuch von Jacob Grimm und Wilhelm Grimm auf CD-ROM und im Internet, Bd. 3, Sp. 252 bis 262.）

若翻閱拉丁文字典，unitas 含義不異於德文 Eins，謂「此一」或「一元」。若循烏韻訓之，其本清朗。

（2）西文烏丸與安韻古謂「壹」

檢哥特時代德文 ainata 起韻「安」，喻「熱」。而此韻讀本乎日耳曼人祝巫定韻，抑或出自遠古先輩定韻。又如德國人言古昔以「ur」。由此得知，古高地德語生成之前，安韻與烏韻分離。述古昔唯用 ur－，而不言往還。但述「一」恃 aina。此字有一元之義，即紀年之熱氣往還一番。晚近英文 one 韻讀盡合「烏丸」，即往還或轉回。

拉丁文 unus 謂「統一」、「一」。此字韻從烏，甚明。推測此韻來自亞述人以「十」字形符號代表天神或太陽神「阿努」（Anu）。由此義而導出熱回還之義。此韻入愛琴海沿岸、亞平寧半島，後以拉丁人征戰而傳往不列顛、萊茵河流域。

二、狄宛第二期野爟闕曆術

（一）爟闕三等及其於體統遺跡曆檢之功

1. 爟闕三等出自開地之所與構造參差

1）爟闕等別依據

（1）爟闕等差與模樣

此處唯依前考，以爟闕告用火地穴，不再用竈。依《發掘報告》附表六，爟穴（闕）見於狄宛第二期。但其本在狄宛第一期。爟闕口樣、深淺、直徑或寬窄俱有度數。發掘者陳述段別係查看爟闕本源與變遷之時段依據。

前舉時段之別固係爟闕細節檢討，以及各段爟穴細節對照檢討之依據。但僅依段別不足以系統解釋狄宛體統遺跡所見爟闕蘊藏曆算文明水準。欲達此目的，須先甄別爟穴等差，後依等差查看段別爟穴模樣。而後，可對照同段等差爟穴細節。等差即以各處爟闕爲等，以處所不同別等差。處所之別即別野爟闕與窟爟闕。窟爟闕即營窟內爟闕。如此，能見同段不同所爟穴模樣與位置變遷。俟狄宛第二期爟闕細節俱清，狄宛之外體統遺跡之爟闕細節堪依此途釐清，而後可辨狄宛第二期中國諸系統遺跡所見爟闕蘊藏文明細節。

（2）野爟闕體爟闕窟爟闕三等

爟穴喻爟事在穴。今依爟事所別爟穴，謀得定所，以顯狄宛第二期聖賢星象與曆術知識水準。依發掘所見爟事所，今別爟事二處，後在此別之下，再別初爟事之變更：初爟事在野外完成，而爟穴孤在。故須先立孤爟爲等同之一門。發掘者在此處目睹用火地穴本係野爟穴。野爟穴不足以摹寫曆算與察星知識，故聖賢移爟事於室內。發掘者在殘室起出爟穴爲室爟事之所，故得窟爟穴之名。

野爟穴、窟爟穴各有曆算便否。狄宛第二期聖賢或第一期末段聖賢嘗試聯若干野爟穴，而後用火。此爟事乃體爟事。此等爟穴命曰體爟穴。

如前述，革除「竈」名而代之以爟，去竈穴而用爟穴。引入體爟穴，須革除另一被考古界視爲自然而然之名，此即窯。許慎解：「窯，燒瓦窯竈也。」。段玉裁曰：「大徐本作『燒瓦竈也』，非是。《緜》詩鄭箋云：『複穴皆如陶然。』是謂經之陶即窯字之假借也。《〈緜〉正義》引《說文》：『陶，瓦器竈也』」又云：「匋、窯蓋古今字。」（《說文解字注》第344頁）。依段注，燒窯謂之陶。而此名起於帝堯時代或稍後。陶唐氏或即窯唐氏。狄宛第一期、第二期即使有用火爲器之事，此事絕非單純似後世一般燒窯，此等用火仍在地穴。而且，此等地穴甚大，猶數穴相聯，故爟穴之體乃後世「窯」之本。

2）野爟闕體爟闕窟爟闕檢討之基

（1）野爟闕先檢

此處講野爟穴即某地層見野爟穴，其數眾而間隔。野爟穴造設於野，其等單純，不干窟爟穴與體爟穴。此處先舉野爟穴，故在野爟穴乃體爟穴認知、窟爟穴認知之根基。體爟穴容積、外程遠大於野爟穴。而窟爟穴處於似房遺跡。不獨體爟穴構造複雜，窟爟穴所在室構造單位眾，使窟爟穴難以檢討。此難本乎此等遺跡設計者曆算念頭顯擺。圖細檢，每構築單位與另外構築單位關聯，解釋窟爟穴曆術細節須先辨識窟爟穴位置，申述「在此」之故。否則，讀者仍舊迷茫於似房遺跡構造細節。

野爟穴細節檢討圓滿後，可依此檢討爲途，逼近體爟穴，認知其構築細節，顯其特點，辨其功用與野爟穴功用之別。在遺跡之林認知野爟穴樣貌與曆算特點。若非如此，遺跡蘊藏遠古信息不被俘獲。

（2）同異段野燿闕對照以見毌期變遷

面對諸多燿闕，檢討者瞻察之途參差。我以爲，須依關聯檢討解釋若干曆算文明。此時，須照顧同層與異層燿闕。同地層野燿穴堪關聯檢討，異地層野燿闕亦可關聯檢討。檢討所得即對照素材，對照所出係檢討者檢論前段野燿穴細節在後流變之根基。由此，能及流變細節展陳。野燿穴在狄宛第二期三段變遷特點易於攝取。

此認知堪爲對照素材。以此素材對照窟燿穴在狄宛第二期變遷。而此檢討基於段別營窟對照。營窟三段所匹窟燿穴三段之別堪爲對照素材。對照段別窟燿穴與段別野燿穴，即得單燿穴流變脈略。有此體統認知，而後可檢曆闕如何局部向燿闕轉變，而後產生燿闕。澄清此題之後，建築史研究者可檢討建築起源局部之宮闕起源等題。

2. 野燿闕曆檢係狄宛第一期以降北方曆檢側翼

1）野燿闕曆檢係渭水域大遺跡曆檢一隅

（1）野燿闕曆檢於體系遺跡曆檢之用

在此，體系遺跡係一總名。遺跡須納遺物。遺跡發掘蘊藏遺物起出。遺跡多樣，而且眾多。遺跡多樣即遺跡類眾，同類遺跡亦眾。而且，眾遺跡與遺物蘊意能關聯考證，而且考證俱能顯揚狄宛第一期以降曆算文明。換言之，關聯考證固舉步維艱，但須照顧聖賢早先造爲曆志之初心。

既往，考古界無人知曉竈穴名稱爲謬，此名流播而無人嘗試更正。其故在於，學界不曾勘破中國遠古文明本質。今既察知其本質在於曆算。又兼野燿穴仍屬地穴，而地穴度數蘊藏曆算細節，故須由其類通認定，野燿穴也有曆算義。如此，野燿穴檢討堪爲狄宛第一期以降曆算檢討一隅。

（2）渭水域體系遺跡野燿闕概覽

此處檢討體系遺跡野燿闕多寡，旨在揭露野燿穴曆算義之揭露於體系遺跡文明價值認識之貴重。如後遺跡攝入視域：西山坪、關桃園、北首嶺、福臨堡、白家村、姜寨、半坡。在此，選取諸遺跡較早段野燿穴數字，以顯前賢貴重燿事。

西山坪屬狄宛第二期遺跡未見燿穴，但石器、瓦器類眾而且數眾。發掘者未見燿穴，此狀況使人疑心。照顧發掘者唯布方 57 處，每探方 25 平方米，外加探溝佔地 60 平方米，西山坪發掘面積僅 1485 平方米。此數不足甘肅省文物管理委員會測定遺址面積百分之一（《師趙村與西山坪》第 222 頁）。推斷此處有不少燿闕待揭露。

狄宛第一期關桃園遺址似房遺跡 F4 西北所見用火之跡，但此處非爟闕。屬狄宛第二期第 I 段遺跡 F2 內有爟穴（《寶雞關桃園》圖一四二）。爟事於關桃園前賢不爲陌生。姜寨早期爟穴甚眾。不計窟爟穴，野爟穴 181 個（《姜寨——新石器時代遺址發掘報告》附表二）。半坡遺址野爟穴甚寡。遺址中部西邊第三層揭露爟穴 K14（《西安半坡》第 55 頁）。福臨堡第一期未見野爟穴。如上體系遺跡僅姜寨第一期爟穴之數多於狄宛第二期爟穴。此狀況可視爲狄宛第二期爟穴傳播所出。

2）爟闕曆檢係北方曆算文明把柄之一

（1）其餘體系遺跡爟闕曆檢同證曆算文明

渭水流域外，遠古爟事須係當時年復一年大事。而此題既往被輕忽。此類地穴被附於「房址」檢討。而「房址」檢討不涉曆算文明檢討。爟事蘊藏之天文曆算不被學人重視。

而今，既知爟事爲體系遺跡曾有大事，考古者不得迴避，須覓遺跡發掘材料，著手於當地曆算文明研究。此事於中國北方各地曆算文明對照檢討有莫大功用，而此研究係中國狄宛第二期曆算文明與異域同期曆算文明對照檢討之根基。其天文史學價值甚高。圖顯此題檢討根基，我搜索電子聞傳媒介，得知北方烏雚當代出沒之地。

（2）當代北方徧見烏雚於星曆考古之義

烏雚徧見於後舉北方各省（自治區）：新疆塔里木河流域、天山山地、阿爾泰山地、準格爾盆地及以東盆地、青海西寧、祁連山、甘肅東北部、中部、張掖、酒泉、敦煌，內蒙古西北部、中部伊克昭盟、東勝、烏梁素海、呼和浩特、東北部巴林、赤峰、阿倫河，黑龍江省哈爾濱、山河屯、牡丹江，吉林省長白山，遼寧省熊岳、朝陽等地俱見〔註 97〕。河南平頂山、洛陽、濟源等地俱見烏鸛。河北興隆、小五台山、平山縣滹沱河等地。那麼，烏雚覓求之地有何特點？

以陝西爲例，銅川、黃陵、黃龍、富縣、吳起、靖邊也曾見烏鸛活動。諸地空氣污染少。陝西中部，烏雚見於陝西咸陽渭河濕地、長安東大某漁場、

〔註 97〕東北見烏雚時段短於渭河流域，每年 3 月下旬、4 月中旬飛臨育雛地，9 月末、10 月初南遷，居留 6 個月許。故東北古遺跡考究若須檢討野爟穴星曆，則大火星出沒時段短於渭河流域、山西、河南。東北保護野生動物聯合委員會：《東北鳥類》，遼寧科學技術出版社，1988 年，第 140 頁～第 141 頁。

渭南段黃河濕地。諸地水質上佳。推想遠古，無化學材料污染，烏蘿須是各地遊獵者以時得睹之禽。而爟事由於庖犧氏後裔流徙而遠播今甘肅、陝西之外。北方各地遺跡研究者須將爟事考證納入視域。

（二）野爟闕曆訓須恃程數

1. 野爟闕模樣、納物與向程

1）野爟闕模樣對比與野爟闕正雍覆之別

（1）同段野爟闕須別正爟闕與雍爟闕

欲備細考究爟闕，須別此處言段內野爟闕之孤與非孤。孤爟闕係正爟闕。非孤爟闕係非正爟闕。正爟穴者，某野爟穴唯一，其所唯一也。其曆義一而足也。

正爟闕之外，同段兩爟闕位置關係或爲雍、或爲覆。依此，定諸爟闕係雍爟闕或覆爟闕。雍爟闕者，二爟闕或一爟闕另一它遺跡（例如營窟或葬曆闕）相雍而存。或它遺跡雍野爟穴，或野爟闕雍它遺跡。二闕與有一處而形貌不相覆蓋。上世紀 30 年代以降，發掘者頻見二遺跡以某途相聯，但不知聖賢此舉含義，後以目睹「遺跡破損」喻兩遺跡聯繫。如前著述，此「打破關係」之名含義模糊，「打破」之故根本不清。涉同層爟闕之野爟闕曆義與考證，今別正爟穴、雍爟穴、覆爟闕三名，圖便曆闕考究與曆算援引辨識。

涉雍爟闕，須補釋數言。若遇雍爟闕，見二爟闕一早一遲。在早爟闕曆義曾確而後顯不周，故須雍而限也。雍者，限也、推擠也。推擠致某爟闕程減。減程則度小，程小則率密。依此得知，狄宛第二期聖賢嗣承第一期聖賢曆術，謀逐密以算曆日。雍爟闕別純雍爟闕與非純雍爟闕。純雍爟闕喻此爟闕雍彼爟闕。而非純雍爟闕喻爟闕雍他遺跡，或他遺跡雍某爟闕。覆爟闕者，爟闕被他遺跡覆蓋或覆蓋他遺跡。

（2）第二期孤爟闕雍爟闕覆爟闕一覽

狄宛第二期正爟闕一覽：

第 I 段：K247、K232、K304、K316、K320、K321、K327、K336、K345（9 座）。

第 II 段：K108、K305、K314、K337、K701、K707、K710、6K1（8 座）。

第 III 段：K4、K5、K105、K216、K226、K233、K330、K338、K348（9 座）。

孤爟闕總計 26 座，占 45 座之百分之六十弱。

第 I 段迄第 III 段純雍爟闕僅二處：第 I 段 K248 被第 II 段 K246 雍。第 II 段 6K1 雍同段 6K2。

非純雍爟闕：

第 II 段 K346 雍 F376。

第 III 段 K208 雍 F207、F215。K303 雍 F369。K317 被 M306 雍。K704 雍 H709。

覆爟穴：

第 I 段覆爟穴：K315 覆 F376。K335 覆 H369。

第 II 段覆爟穴：K14 覆於 F3。K301 覆 F321。K352 覆於 F330 又覆 F385；

第 III 段覆爟穴：K106 覆 K107，K107 覆 F107，K223 覆 F231、K604 覆 F603、K705 覆 F707 與 F715、K708 覆於 F706、K709 覆 H717。

如上類別便於釐清同層同段野孤爟穴位置之故、雍爟穴位置之故、非純雍爟穴位置之故、覆爟穴位置之故。此類別也是澄清段別爟穴曆術關聯之途徑。

2）野爟闕向程與納物俱爲曆義側面

（1）野爟闕向程即曆象考證把柄

圓爟闕無所謂向程，其平面圖不得見方向，唯見全角。但此全角有曆義。圓闕之圓喻循環，此循環納星宿回環不休，也納鳥雚往返，而且此往返喻大火星或爟宿在熱季回轉舊所。故而，曆闕之圓者含義全異於方穴曆義。

方闕、橢圓闕或菱形爟闕之義須察向程而定。倘遇方闕，須察其經向緯向交角，甚或須檢討天赤道，以便溯跡前賢摹寫星宿本欲。涉連前題，須溯跡聖賢於何時查看諸星。此處言曆闕之曆非一些學人曾言火曆，而係星曆或陽曆。自操心中國曆算起源話題迄今，我止檢得太陰曆與星曆，以及基於星曆之陽曆。古無獨尊大火星曆之證。我不承認狄宛時代中國有純大火曆。

（2）野爟闕納物曆義參照

於考古者，睹一遺跡納某器與否，不得依此而推斷某遺跡之主有物爲富或赤貧。爟穴納物與否不觸及財富之問，但堪化爲聖賢埋某物或虛某穴之故求契機。埋何物以及爲何埋一物，此問乃澄清聖賢星曆認知局部之開端。解答將方便考古者答覆某物名由來、澄清器類之源。於古器類別、鑒別，乃至鑒賞，有莫大功用。而且，此舉將輔助解答葬闕埋器之故，明器起源檢討將得翔實基礎。

若細論爟闕納物與否，須別納物與虛置爟闕樣貌。野爟闕納器絕非稀罕，窟爟闕納器同非罕見，F349、F712 等俱爲例證。虛置野爟闕、窟爟闕，乃至體爟闕有何曆義，俱屬待考要題。而且，三者以體爟闕納器或虛置最難檢討。體爟闕即後世瓦窯雛狀，此設施納器，本屬應分。闕存何器，往往爲溯推體爟闕性能憑依。

野爟闕、窟爟闕與體爟闕納器與否之檢討須別巨細。體爟闕爲巨、野爟闕爲細。此別於體爟闕流變與爟祭起源檢討有莫大佐證力。

譬如，狄宛爟闕納器唯係罐器。發掘者起出鼓腹罐成器，不得僅以爲，諸爟闕納成器唯告祝巫燒器以時、器藝之能成熟，而須續察曆義。此器能告祝巫曆算夏至日節氣不謬。其證在於罐器告爟宿以時現。此乃爟闕起出器唯係罐器之故。

2. 野爟闕與窟爟闕程閾及曆算常數

1）爟闕程閾乃溯跡爟闕貌效之途

（1）爟闕程閾三等與參數義

涉短長計算，今暫捨棄向度，不言寬高徑等名，先窺測前賢程閾。程閾即尺寸之閾。程閾別短程之閾、間程之閾、長程之閾。無論某段前賢作業之後，某種曆闕有無殘損，發掘者揭露曆闕諸程俱在程閾之內。以圓爟闕尺寸爲樣板，短程之閾即爟闕徑長之程、闕深之程。至短程命之短程、至長程命之長程，兩者之間命之間程。間程非均程。在本程與溯程之間，存在聖賢命程與我間溯程之別。我所爲乃溯程。而溯程乃大遺跡溯跡根本，非如此不能披露前賢心跡。

短程別固短程、殘短程。固短程即某尺寸至小，非出自殘缺，而自古如此。殘短程出自殘損。殘損俱係後段作爲。如此，須贅言殘損之故。遺跡之後段殘損前段絕非孤證，而係諸多新石器時代遺跡遍見樣貌。如此，須別殘損之故與非故。殘損非故即前賢未嘗謀求殘損某程，但偶然用器不愼或掘地前處所辨識不愼，將舊曆闕殘損。殘損以故即前賢依曆日所須謀求後段遺跡曆算完滿，且依援引足以還原舊遺跡曆算。舊遺跡程損不足爲憂。在以故殘損與非故殘損之間，我不排除非故殘損，但其證難覓。我言前賢俱係祝巫，非尋常生物。狄宛第一期、第二期時代，有無「人」類名，我尚未考定。行文見「人」，不得已而用也。以故殘損各等曆闕徧見於狄宛第二期各段，以及此後各期段。依此，程閾參數之殘程於我俱係以故殘損之程。其爲參數之性不須疑惑，唯須驗證。

（2）曆闕貌效乃曆檢把柄

前著檢討曆闕若干模樣，但彼處存一不足。於今，此不足於我爲今須償還虧欠之一。曆闕等別固多，但其模樣不多。我以前著檢討平面之方、圓、橢圓諸狀，關聯天象與星象。但此檢討未依類名。任一學術之田，須見形貌之力與算術之力。哲學亦不捨形貌與算術。無形貌須無算術。此力非初等人身官能堪類。譬如，人固嗅覺某味，依所知味覺察味源而知本物。但本物小大、全否仍屬未知。

溯跡祝巫所知物象須依物貌。而物貌類名乃樞紐。此類名非初巫造器前所知，而係其後所能得體察物貌之力。我推測，舊石器時代祝巫已知物貌，故能打造燧石器。而新石器時代祝巫之力增益，星象辨識陡增。體察物貌之力係新石器時代祝巫之力。

物貌之識與物貌之象係二事。祝巫欲象之，故備物料、搭構物料、接物料。如此，搭構所備之料即形本。瓦器本乎搭構而接物或接物料。譬如，火爲物，但不爲料。泥爲料而須接火。搭構既爲形本、而搭構本乎祝巫象物，而太初之象係「效」。

《墨子・小取》「效者，爲之法也。所效者所以爲之法也。故中效，則是也；不中效，則非也。」「法」，範也。於辯者，「效」喻言效，即講話者初構造某表述，此表述後化爲言範，用於舉某意、某斷、援引。後學者循之爲言，此喻中效。名理學屬此。掘地爲曆闕而放星宿之狀，此亦係效。造器者亦從星象而效。

（3）逐段效程曆檢功助域內外遠古星曆比較

今合前述效程二名，以爲燿闕檢討基礎。若言祝巫掘曆闕得欲求之狀，須言祝巫爲燿曆闕中效。若言祝巫如算掘燿闕某向程，譬如圓燿闕徑長（口、底），祝巫得其程。此時言祝巫掘燿闕中程。以此二名，將能溯跡遠古祝巫思向與思向變遷，溯跡曆志與星象細節。日每聞言「中程彈道飛彈」，此名之「中程」不確，須言「間程」。倘使不中程，即喻航測謬誤或元器件故障，未及預置彈落點。

前既澄清爟闕短程、間程、長程之閾，辨識程閾之全、殘，而後得言遺跡之全或殘。澄清曆闕或造器之中效與否，即獲得某遺跡某段祝巫承襲或創造之力。由此而爲毌期檢討，可評判大遺跡前賢於中國大陸星曆文明貢獻，以及相關作業藝能貢獻。若欲評論遠古域內、域外星曆諸般文明高低，將有水準爲據。如此，考古門將給考古文化、民俗、民族誌等檢討饋給養料。而此類門科檢討依此獲得翔實臺階。域外文明與域內文明交通證據之檢討獲得依據。

2）野爟闕窟爟闕程閾與典效

（1）野爟闕窟爟闕曆檢乃體爟闕曆檢根基

此處依爟闕處所別二等。第一，野爟闕。第二，窟爟闕。須與檢此二等爟曆闕之故在於，營窟本乎若干施工，而施工納闕地。闕地納三闕：戶道、營窟底、窟內曆闕或窟內爟闕。爟闕在野、在窟，俱述曆爲。依此，須視二者爲同源物。故此，凡考證其曆算基礎，須等同看待。

沿此途，即能在後缺省舊題重考之碎，逕沿襲此處考得算式。如此，即得集力於營窟結構細節考證與曆算、援引。營窟曆算與星宿認知溯跡之複雜異乎它遺跡，細節甚多。而彼處爟闕算式考證無疑導致主題孱弱，不便讀者讀取關鍵結論。

如此作爲另有一故：曆算參數求得故係度當日計算基礎。但考證者不得小覷曆算背後精神活動，即祝巫爟事。此事既爲祝巫之事，祝巫有知識、有信仰，能探索，能進益。故爟闕模樣變遷須係考究之題。依此，在野、在窟爟曆闕述曆向程與圓曆闕外他模樣爟闕向程也須照顧。唯於盡採諸度數之後，始能體統檢討爟闕變遷。譬如，狄宛第 I 段爲何見菱形正爟闕，第 II 段見近方狀正爟闕，而第 III 方爟闕雍 F369，而第 II 段方爟闕覆 F321，此外不見方狀正爟闕。若言純雍爟闕，第 II 段 K246 雍第 I 段 K248 堪爲範。後將細考此二爟闕模樣曆算細節。

（2）野爟闕程閾與典效

依《發掘報告》（下冊）附表六，野爟闕屬第 I 段者 12 座、屬第 II 段者 14 座、屬第 III 段者 19 座，總計 45 座。對照附表一，知 K302 係第二期第 III 段爟闕，但附表六記第 III 段野爟穴無 K302。附表二三也無此爟闕，不詳其模樣、位置、尺寸。

依此表，第 I 段野爟闕圓者 9 座、菱形（狀）1 座、瓢狀 2 座，第 II 段圓者 10 座，橢圓狀 2 座，（近）方狀 2 座。第 III 段野爟闕圓狀 16 座，橢圓狀 1 座、方狀 1 座、瓢狀 1 座。三段圓闕總計 35 座、瓢狀穴 3 座、橢圓穴 3 座、菱形闕 1 座、近方或方闕 3 座。

圓闕爲野爟穴總數十分之七強。菱形穴最少，瓢狀、橢圓狀、近方或方穴三樣占五分之一。圓闕有逐段增多趨向。瓢狀穴不見於第 II 段，但在第 III 段復甦。第 I 段菱形穴在第 II 段似變爲方穴，在第 III 段爲方穴。由爟闕輪廓模樣得察知，爟事於方闕見於狄宛第二期第 II 段。

今依段舉野爟闕諸效與程閾米數：

第 I 段短程：K316 瓢爟闕口徑 0.55、K315 圓爟闕底徑 0.5、K232 菱爟闕深 0.1（K304 瓢爟闕、K345 圓爟闕深俱同）。

第 II 段短程：K337 圓爟闕口徑 0.6、K314 近方爟闕底徑（短邊長）0.48、K314 近方爟闕深 0.1。

第 III 段短程：K105 圓爟闕口徑 0.45、K105 圓爟闕底徑 0.4、F223 圓爟闕深 0.1（K708 圓爟闕等深）。

第 I 段間程：K316 瓢爟闕口徑 0.55～0.6、此爟闕底徑 0.55～0.6、K320 圓爟闕深 0.13。

第 II 段間程：K710 圓爟闕口徑 0.6、此爟闕底徑 0.6、此爟闕深 0.2。

第 III 段間程：K317 圓爟闕口徑 0.62、底徑、K233 圓爟闕深 0.15。

第 I 段長程：K327 圓爟闕口徑 1.1、其底徑 1.1、其深 0.25。

第 II 段長程：K246 圓爟闕口徑 1（K707 圓爟闕口徑等長）、其底徑 1、K701 與 K707 圓爟闕等深 0.4。

第 III 段長程：K705 橢圓爟闕口徑 1.22、其底徑 1.15、K604 圓爟闕深 0.36。

如上間程求算基於發掘記錄，但不排除些微發掘誤差或測算誤差。檢第 I 段野爟闕之效幾盡爲圓爟闕（9 座）。此效之後，存祝巫謀求烏丸之義。以圓爟闕喻圈，週旋爲圈。週旋者，圓轉也、還至也。依此，知第 I 段祝巫謀求歲終始。而爟闕深程之殘，出自損時段。損何時之爲須在第 II 段。換言之，第 II 段祝巫損第 I 段野爟闕，截去某時段。K232 菱狀爟闕於此爲異效。此異效本乎第 I 段祝巫告喻歲內大火星出、中、伏之始。甚或可講，曳動某方，以其一角爲心，能寫圓。此圓喻歲終始。此思向承襲狄宛第 I 段歲曆本乎春思向。詳後 K232 訓。

似瓢野爟闕 2 座，僅多於菱狀爟闕。如此可斷，瓢狀爟闕屬近異效爟闕。依表記其底徑程得知，似瓢爟闕自口以下有直筒，連狀圜底鉢部。其狀似半天球在下。倘若顛覆其狀，見蒼穹在上。無論蒼穹在上、在下，瓢狀爟闕放寫蒼穹。蒼穹在下，蒼穹在上，兩者度數差等於 180 度。以璇璣歲配回歸年，其比例係：

$$\frac{1}{2}\text{璇璣歲}：\frac{1}{2}\text{回歸年}$$

以地平論此度數，時段係春分迄秋分段。此時段，涉禽烏雚遍見於狄宛及其周圍近水地帶。

檢第 II 段圓爟闕 10 座，方與近方爟闕 2 座。橢圓爟闕 2 座。如此，圓爟闕係第 II 段爟闕之效。此狀背後思向同第 I 段思向，不須複述。橢圓之效背後存在祝巫思向。此思向係日遠近之念。日軌道非圓、遠近之別使人既知日返回故地，又能知其遠去，如烏雚。如此，橢圓爟闕最能表達烏雚遠近之義，係典效〔註 98〕。此段瓢狀闕絕跡，此事告第 II 段祝巫自視戴天者，不須再貴重圜底鉢反覆。依檢，額骨及頂骨覆戴紅陶鉢乃較遲葬闕擺佈骨殖之事。此狀不見於狄宛第一、二期葬闕，但北首嶺有證。渭水流域外，江蘇高郵龍虬莊遺址見此類：顱骨覆戴紅陶鉢，面顱扣覆紅陶碗或紅陶豆，器底鑿一孔〔註 99〕。若論祝巫自知使命本乎何代，我定狄宛第二期第 I 段。此時段係祝巫自覺時代，亦係中國神學、宗教執掌起源。此階層自覺初興。換言之，中國神學源頭距今 7000 年餘年。

第 III 段瓢闕唯 1 座，此爟闕出自示威，抑或備忘。今難判定。除 1 橢圓、1 方爟闕外，僅見圓爟闕。依此推測，第 III 段祝巫貴重陽曆、又參照璇璣歲。而全角背後存在祝巫四季察天象不休之事。

（3）窟爟闕諸效與程闕

窟爟闕之效與程闕檢討固依《發掘報告》（下冊）附表五，但僅採表舉營窟諸程之爟闕有度者，無度則不檢。另外，發掘者述，「房址」156 座，59 座保存不全。或僅有「竈坑」及少量居住面。稍全或能推量大小者僅 97 座。圓底 2 座、長方底 28 座、方底 67 座。圓形「竈坑」由深變淺（上冊，第 77 頁

〔註 98〕如前諸多術語一般，典效係我引入。典者，盡算得中也。古文經《堯典》能佐證。此名能反映中國祝巫天文目測之力。

〔註 99〕龍虬莊遺址考古隊：《龍虬莊——江淮東部新石器時代遺址發掘報告》，科學出版社，1999 年，第 39 頁。

～第 82 頁）。依諸言，對照附表五記「竈坑」不言殘缺，得斷窟爟闕未殘。

今依段舉窟爟闕諸效與程閾（米）：

第 I 段短程：F387 圓爟闕口徑程 0.44、F382 瓢爟闕底徑程 0.64、F311 圓爟闕深程 0.1。

第 II 段短程：F335 圓爟闕口徑程 0.6、F249 圓爟闕底徑程 0.57、F214 與 F231 圓爟闕深程俱係 0.2。

第 III 段短程：F339 圓爟闕口徑程 0.54、F252 圓爟闕底徑程 0.3、F236 圓爟闕深程 0.1。

第 I 段間程：F311 圓爟闕口徑程 0.8、F255 圓爟闕底徑程 0.78、F17 圓爟闕深程 0.6。

第 II 段間程：F214 圓爟闕口徑程 0.7、F249 圓爟闕底徑程 0.57、F369 圓爟闕深程 0.48。

第 III 段間程：F4 圓爟闕口徑程 0.72、F256 圓爟闕底徑程 0.6、F237 圓爟闕深程 0.35。

第 I 段長程：F201 瓢爟闕口徑程 1.56、F201 瓢爟闕底徑程 1.44、F246 圓爟闕深程 1。

第 II 段長程：F347 圓爟闕口徑程 1.4、F334 瓢爟闕底徑程 1.24、F714 圓爟闕深程 0.95。

第 III 段長程：F207 圓爟闕口徑程 1.44、F100 橢圓爟闕底徑程 1.2、F218 圓爟闕深程 0.68。

上檢間程不盡爲長程之半，此誤差或出自發掘誤差，或出自發掘後測算誤差。但諸程度當日之效程仍不變，3.3 米爲狄宛丈，0.33 米爲狄宛尺，3.3 釐米爲狄宛寸。

3）爟闕度當日曆算諸效程常數

（1）第 III 段爟闕 K604 諸程閾乃爟闕效程

前舉兩等爟闕程閾，圖得常數求算基礎。倘使能得此常數，此數須用於兩等爟闕曆算。依發掘記錄，野爟闕長程短於窟爟闕長程。此參差不得視爲爟闕度當日曆算基礎不牢，而須視爲祝巫營窟曆算之參照。營窟曆算基於底面向程。冬居營窟者得以閒暇占數。而占數須算得某單數。故須擴程。如此，窟爟闕長程更大不爲怪異。依此斷，野爟闕度當日曆算常數也係窟爟闕度當日曆算常數。

謀求常數前，須設首問。自狄宛第二期第 I 段迄第 III 段，爟野闕深幾乎遍殘，其故何在？察深程之短者俱損，口徑程也損。深程度當日曆算不得舊數。倘使祝巫偶爲，第 I 段唯能見一、二座爟闕深殘，今目睹爟闕深近俱殘。此事唯出於祝巫故爲殘損。而且，殘損餘口徑程度出自精算。爟闕深程之效於祝巫乃常數。今依諸程度比較堝證此事。

依前著度當日算術之程閾考證，狄宛祝巫曆算沿襲程閾誕生在早，而記述在後。準此，須甄別第 I 段迄第 III 段程閾指告之力。依發掘者述，今認定 I 段野爟闕程閾俱殘。如此，不得於第 I 段諸爟闕謀求某一程度〔註 100〕爲效程。

依發掘者述，第 II 段 K108 橢圓爟闕少殘，諸程度：口徑程 0.7～0.8、底徑程 0.7～0.8、深程 0.38 米。保存近全者 K701 圓爟闕口徑程 0.9～1、底徑程 0.9、深程 0.4 米；K707 圓爟闕口徑 1、底徑 0.9、深 0.4 米。諸爟闕俱係孤爟闕，不雍也不覆。

第 III 段保全者係圓爟闕 K604，口徑程 0.92、底徑程 0.9、深程 0.36 米；此爟闕非孤爟闕，覆 F603，未被雍殘。近全者三爟闕，圓爟闕 K704、K709、橢圓爟闕 K705。

K704 諸程度：口徑程 0.8、底徑程 0.75、深程 0.3 米；

K709 諸程度：口徑程 0.65、底徑程 0.6、深程 0.32 米；

K705 諸程度：口徑程 0.98～1.22、底徑程 0.9～1.15、深程 0.3 米。

以爟闕納物論，第 II 段 K108 不納物、K701 與 K707 也不納物。第 III 段 K604 也不納物，而且其程度全存。對照 K604 不納他物，程度保存近全之圓爟闕 K704 納鼓腹罐等、K709 納石鑿、橢圓爟闕 K705 納穿孔短褶矛蚌 6 枚。

第 III 段諸爟闕或覆或雍旁遺跡，但不被雍、覆。如此，能判第 II 段與第 III 段祝巫故爲全爟闕，空爟闕之程度全者諸程爲效程〔註 101〕或範程。

〔註 100〕案，測程謂之度。度當日曆算基於效程。效程本乎觀象謀放寫，放寫須先立程。立程前須試算。狄宛第一期祝巫形土爲諸曆闕非曆算文明初階，而係高階文明。

〔註 101〕效程喻程度之長、寬、高等度數爲效。效者，範也。今產業產物「標準」名本乎譯文。其譯者未考證若干西文名源，譬如英文 normolize，德文 standardisieren, Norm 等。檢德文 Norm 本乎拉丁文 norma。此拉丁名喻「角度」（Winkelmass），此名即遠古鉤，演變爲勾股弦之勾。Guenter Drosdowski, Duden deutsches Universalwoerterbuch, Bibliographisches Institut Mannheim, 1983, S.893。檢角度本乎交線，平面交線限於常數 360°。交線者謀得某角，在此程內搭線，能得效程。效程乃笛卡爾協所系基礎。於星象學，Norma 係南天矩尺（座）。

顧第 III 段 K604 全存出自狄宛第二期、第三期祝巫保存。此乃程度保守，即傳統文獻言「守」。如此，可取 K604 程閾爲效程：

口徑程 0.92 爲口徑效程

底徑程 0.9 爲底徑效程

深程 0.36 米爲深效程

若見程度大於此程即謂曆日之溢，程度小於此程即見曆日之損。如此，即給爟闞諸程度當日曆算奠定曆算基礎。

（2）K604 爟闞口底深三效程爲爟闞曆術常數

如此，K604 堪爲狄宛第二期第 I～第 III 段度當日曆算之曆日常數：

口徑程度當日：

0.92÷0.33＝2.78787879

2.78787879×3.0416＝8.4796≈8.5

底徑程度當日：

0.9÷0.33＝2.72727273

2.7272×3.0416＝8.2952≈8.3

深程度當日：

0.36÷0.33＝1.0909

1.0909×3.0416＝3.318

0.318×30＝9.54 日，計得 99.5 日。

此處見爟闞口徑程度當日在歲初，合 2 月 8 日。是日即狄宛二期某年春分日。此日也係祝巫見烏藋臨清水河月日。前番秋分日 8 月 8 日。彼時，烏藋尚未遷去。穴深度當日非塙日數，折合 3 個月又 10 日。如何看待此日數，值得推敲。

（3）K604 曆術常數曆義申說

依狄宛祝巫察烏藋往來而論，爟闞底效程喻前歲秋分。口效程度當日喻今歲見烏藋日數。而且，狄宛第二期第 I 段迄第 III 段爟闞頻見鼓腹深罐。如前述，鼓腹罐本乎卵罐，卵罐本乎藋卵之效。藋卵者，藋孵卵也。藋孵卵在熱月。故爟闞檢鼓腹罐事本祝巫告喻熱月。熱月睹星象爲南垣諸宿。以冓（井）宿爲要。爟宿配冓宿，此乃本義。

依此事，前歲見烏雚月日去前歲夏至有時段。而今歲目睹烏雚去夏至有時段，今猶未及。故爟闕底徑程度當日與爟闕深程度當日兩數存在參驗關係。爟闕深程度當月日數加爟闕底徑程度當（月）日數，相加須等於冬至日或夏至日，起算日係秋分或春分。

起算日爲秋分：

8 月 8 日

＋

3 個月又 10 日

＝11 月 18 日

此日數即狄宛曆前番冬至日。

起算日爲春分，2 月 8 日，加 3 個月又 10 日，得 5 月 18 日。此日係今歲夏至日。

若言春分迄夏至，或秋分迄冬至日數，其本須是圓爟闕深程 0.36 米。若見某圓闕深程大於此效程，此圓爟闕深程乃增效程所致。若圓爟闕深程小於此效程，此圓爟闕深程出自損效程。爟闕模樣顯何狀，此題也涉及效樣。徧察爟闕模樣諸效，唯圓爟闕堪視如爟闕模樣之效。

末了，須告二事：第一，此處算術含序數、基數轉換。此曆算雖能含大火星「中」，但此著不命此曆算爲「火曆」。大火星唯係祝巫曆算一證，祝巫爲曆乃首題。第二，諸考雖證第一期、第二期各段曆術與星象認知，但不能佐證效程與程閾起源。欲探究狄宛祝巫效程起源，須恃來日舊石器遺物考證，作者於此既無力展陳散證，也不能綻披其與狄宛第一期祝巫效程關聯。

（三）段別野爟闕曆志

1. 第 I 段孤爟闕曆志

1）無圖孤爟闕曆術枚舉

（1）K247 曆算

爟闕 K247，圓，位於 T217 第 4 層下。底徑程 0.7～0.8，深程 0.06 米，殘，無出土物。底徑度當日曆算：

0.8÷0.33＝2.424242

2.4242×3.0416＝7.37

此數喻前番秋分日 8 月 7 日。

深程 0.06÷0.33＝0.18

0.18×3.0416＝0.55

小數折算：

0.55×30＝16.5

此日數謂，自起算日，損效程：

0.3÷0.33＝0.9

0.9×3.0416＝2.765

小數折算 23 日，計得 84 日。

3 個月又 10 日今損迄 2 個月又 23 日。曆損日數 84 日。

取 K604 爟闕深為深程之效，推測此爟闕曾係筒狀，口徑等於底徑。往歲 8 月 7 日秋分，其後冬至日須是 11 月 18 日。夏至日須是 5 月 18 日。

（2）K304 曆算

爟闕 K305，瓢狀，位於 T305 第 4 層下。口徑程 0.7～0.9，底徑程 0.7～0.9，深程 0.1 米，殘，起出鼓腹罐 CII 型 1 件。

口徑程大者度當日曆算：

0.9÷0.33＝2.7272

2.7272×3.0416＝8.3

口徑程小者度當日曆算：

0.7÷0.33＝2.1212

2.1212×3.0416＝6.45

此二數為口徑程閾，即 2 月 6 日迄 2 月 8 日。此二數告目睹烏雚來狄宛附近水畔日數。底徑同口徑，告往歲秋分日係閾值。此計算揭示，狄宛第二期第 I 段祝巫算秋分日為程閾，非定日。

殘深 0.1 米係 0.36 米殘餘，祝巫削去 0.26 米。損餘 28 日，曆損：

102－28＝74

曆損日數 74 日。今歲夏至日之閾：5 月 15 日迄 5 月 18 日。

（3）K316 曆算

爟闕 K316，瓢狀，位於 T304 第 4 層下。口徑程 0.55～0.6，底徑程 0.55～0.6，深程 0.18 米，殘，起出鼓腹深罐 BII 型 1 件。案發掘者述其狀似瓢，但口、底徑程告此爟闕乃筒狀。

長口徑度當日：

0.6÷0.33＝1.8181

1.8181 x 3.0416＝5.53

此日數喻今歲春分日 2 月 6 日。

0.55÷0.33＝1.6666

1.6666 x 3.0416＝5.069

此數喻 2 月 5 日春分。此數告今歲春分日爲閾値。

前番秋分日係 8 月 6 日或 8 月 5 日。夏至日 5 月 12 日或 5 月 13 日。

祝巫削去爟闕深：

0.18－0.36＝0.18

較之 K604，此爟闕深程殘半，曆損日數 51 日。

（4）K320 曆算

爟闕 K320，圓，位於 T317 第 4 層下。口徑程 0.65，底徑程 0.65，深程 0.13 米，殘，出鼓腹罐 AII 殘片。

口徑度當日：

0.65÷0.33＝1.9696

1.9696×0.3416＝5.99

今番春分 2 月 6 日，猶見烏雚日 2 月 6 日。殘深不須爲曆日。8 月 6 日係前番秋分日。今歲 2 月 6 日係春分日，往歲冬至 12 月 13 日。今歲夏至 5 月 13 日。今歲 2 月 6 日見烏雚，較之 2 月 8 日，見雚日早 2 日。此事或告，狄宛當年春 2 月氣溫早 2 日升高。

（5）K321 曆算

爟闕 K321，圓，位於 T317 第 4 層下。口徑程不詳，底徑程 0.7，深程 0.07 米，殘，起出鼓腹罐 AII 型 1 件。K321 度當日曆算：

底徑程度當日：

0.7÷0.33＝2.12

2.12×3.0416＝6.45

深程度當 19 日，曆損日數：

102－19＝82

曆損日數 82 日，秋分 8 月 6 日。冬至日 11 月 16 日。夏至日 5 月 16 日。

（6）K327 曆算

爟闕 K327，圓，位於 T323 第 4 層下。口徑程 1.1、底徑程 1.1、深程 0.25 米，殘，起出鼓腹罐 BIII 型 1 件。

1.1÷0.33＝3.3333

3.3333×3.0416＝10.13

此數喻 2 月 10 日春分，歲初見烏雚於 2 月 10 日。烏雚遲來，此喻當年春氣溫較低。8 月 10 日秋分。前番冬至日 11 月 20 日。今歲夏至日，5 月 20 日。

此爟闕殘深 0.25，小於 K604 深程 0.11 米。存深程度當 2 個月又 9 日，合 69 日或 70 日。曆損日數：

102－70＝32

曆損日數合 1 個月又 1 日。

（7）K336 曆算

爟闕 K336，圓，位於 T313 第 4 層下。口徑未知，底徑程 0.9，深程 0.07 米，殘、起出鼓腹罐 AIII 型 1 件。爟闕底徑度當日 8.3 日，即前番秋分 8 月 8 日，冬至 11 月 18 日，今歲春分 2 月 8 日。今歲夏至日 5 月 18 日。如 K321 曆損，此處曆損日數 82 日。

（8）K345 曆算

爟闕 K345，圓，位於 T304 第 4 層下。口徑程 0.76，深程 0.1 米，無底徑程，無起出物。今案，發掘者記此爟闕口徑程、深程若干，但無底徑程。此舉告不足。依發掘跬步，揭露遺跡口徑，須能見深程，既有深程，如何不見底徑程？我以爲，此爟闕圓狀可謂口徑程、底徑程相等。故 0.76 米堪爲底徑。此處口徑。：

0.76÷0.33＝2.3

2.3×3.0416＝7

此數喻前番 8 月 7 日係秋分日。冬至日 11 月 17 日。今歲夏至日須是 5 月 17 日。曆損如 K304，即淨損 74 日。

2）輔畫朱線見爟闕 K232 告夏至日落黃赤面交角 23.5 度許

（1）輔畫朱線助辨爟事

依《發掘報告》（下）附表六，K232 起出 BII 型鼓腹罐殘片 1 片。依《發掘報告》述，此爟闕狀似菱形與長方。位於 T208 中部第 4 層下，火種洞在東，向西，方向角約爲 255°。火種洞即爟火洞。

口大底小，口長程 0.76、寬程 0.7、底長程 0.6、底寬程 0.52、深程 0.1 米。東部拐彎處埋火種罐，無通風道。穴底、壁被燒成青灰色硬面。後圖出自《發掘報告》圖八二，我加畫朱線三條，移動原子午線於圖內，以便測算。得子午線、緯線。緯線當黃道線暨 180°～0° 黃經線、再畫西北——東南向線段，及其平行線。發掘者檢此遺跡方向角 255°，此線即圖見 X 虛線走向。此線合日過黃經 200°，在秋分後 20 日。但圖顯此線非發掘者述方向角，而係日照線雙線之內線，而且此線係東北——西南內角連線。此方向角測算頗顯任意。

檢圖八二容許兩等繪圖，此處僅給一等。後考營窟方底起源，將承用圖八二，更繪它圖，以顯祝巫關聯此圖與營窟結構之底面。

移動舊圖八二子午線，使之位於圖框內，得 NS 線段。畫其垂線，得 WO，當子午線，又爲黃經 180°～0° 線。沿西北——東南走向上部畫框內線 NB。此線段西北端近子午線北端，東南端入爟火洞圓域爲 B，交黃經度數若干。後畫其平行線 P。倘使延伸 BN 線，其西北與 NS 線交角若干。畫 B 點下向 X 連線，得線段 BX。此線段交緯線度數若干。以 270° 減此內角，得度數即發掘者言方向角度數 255°。

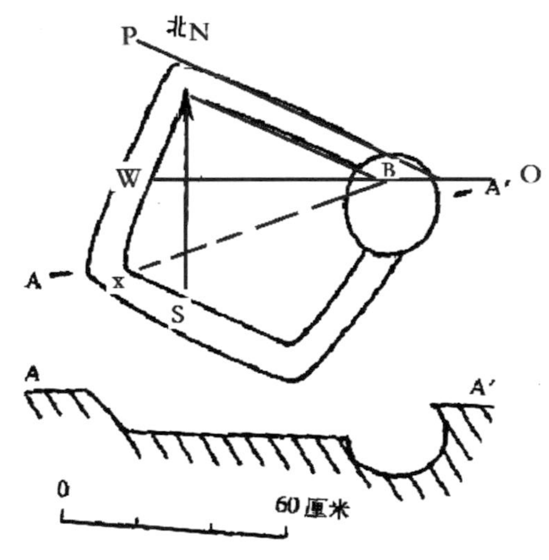

圖一三：K232 爟宿配張宿日夏至

（2）黃赤道相交暨爟事時節

西北——東南走向右端圓圈告爟火洞，而此處不得被視爲日照處。倘使以爲日在此處，則須問日斜上往西北，抑或日向左斜下往西南？無論應前，或應後，俱謬。此處無日圖，僅有星宿圖。而且，此星宿即爟宿，時在夏至。言其爲宿，故在日落能見此宿。而且此宿不得關聯四邊某宿。今被祝巫關聯某四邊宿，則此四邊宿在同晚被察知。而且，此四邊宿乃南垣七宿之一。此宿即張宿。此題後將再述，故在營窟底開起源檢討涉及此題。此處唯述爟火洞曆義與星象義。

發掘者言此遺跡方向角 255°，故在彼等察知此遺跡模樣近長方，似乎又爲菱形。既爲菱形，取其對角測算，準乎經線自北而南 180°，向緯線西端旋轉，又得 75°許，加得 255°。但此算術唯準乎平面經緯，而不涉及天球與星象。較之星象、日照、日行天球在西北下降，即見其謬。

檢 BN 與黃經交角 23°許，大抵等於今日黃道赤道夾角 23°。但時不在春分。東邊圓圈告爟火洞，非日。日在西北，落前自西北炳照。日線段自西而東。線段 NB 或 PA 無別，故在 PA 內 NB 平行線。日在西北落山前照射，此照射線與 NS 交角等 67°度許。此角度即夏至日落西北之向。時在夏至，日軌道面開始向西偏轉。而日落之後，星宿得睹。井宿、水位、爟宿、鬼宿、張宿。爟宿、張宿黃經度數不等，但祝巫能依所需，關聯二宿，不悖季節。

爟火洞底、壁被燒成青灰色硬面。此告狄宛第二期第 I 段祝巫久用此穴。爟火洞在東，故在日落後察星，先見爟宿，後見張宿（《中國天文學史》上冊，圖 43，南官赤道星圖）。

（3）K232 曆算

爟闕口長程度當日：

0.76÷0.33＝2.3030

2.3030×3.0416＝7

口寬程度當日：

0.7÷0.33＝2.1212

2.1212×3.0416＝6.45

此二數係日閾，非單日數。得數係今歲春分日 2 月 6 日夜半或 2 月 7 日春分。夏至日 5 月 16 日或 5 月 17 日。

底長程度當日：

0.6÷0.33＝1.8181

1.8181×3.0416＝5.53

此數喻前番秋分 8 月 6 日。冬至日係 11 月 16 日。

底寬程度當日：

0.52÷0.33＝1.5757

1.5757×3.0416＝4.79

此日數喻前番秋分日 8 月 5 日。冬至日能係 11 月 16 日。此處見前番秋分、冬至、今歲春分、夏至日係閾值。深程曆損如 K345，曆損日數達 74 日。

2. 第 I 段爟闕雍覆曆援

1）K248 曆算與 K604 效程源傳

（1）K248 雍於第 II 段 K246

爟闕 K248，圓，位於 T214 第 4 層下。雍於 K246 雍而損。口徑程 0.9、底徑程 0.9 米，深程不詳，殘，無起出物。檢表記口徑程、底徑程，二數相等。但無深程。倘若發掘者不曾睹口徑，唯見底徑，不須記其口徑。今睹口徑、底徑二程度數，但無深程，此記載合否發掘，使人疑心。

又檢 K246 係 II 段圓爟闕，而且其殘深程等於 0.04，此爟闕開口於 T217 第 3 層下。如此即知 K246 不足以盡雍 K248。倘使此推斷有謬，則 I 段 K248 口徑深程出自謬記。

（2）K248 曆算

K248 口徑、底徑俱等於 0.9 米，其度當日 8.3 日喻往歲秋分日 8 月 8 日。冬至日 11 月 18 日。今歲春分 2 月 2 日，夏至日 5 月 18 日。此爟闕諸程度係 III 段 K604 效程之源。由此可斷，狄宛第二期第 III 段 K604 效程出自第 I 段效程寫記，此乃授知，而非偶成而知。

第二期 II 段 K246 曆志雍援此爟闕曆算。此處先行曆算，後便檢討其曆日雍援。K246 雍 K248，二爟闕俱圓。K246 口徑程 1、底徑程 1、深程 0.04 米，殘，起出鼓腹罐 CI 型 1 件。

口徑程度當日：

1÷0.33＝3.03

3.03×3.0416＝9.2

底徑程度當日同口徑程度當日。2 月 9 日春分、8 月 9 日秋分、5 月 19 日夏至，11 月 19 日冬至。此爟闕雍援 K246 之口、底徑程相等。

2）K315 雍援 F376 星曆

（1）K315 曆算

燿闕 K315，圓，覆 F376。此燿闕位於 T309 第 4 層下，底徑程 0.5、深程 0.02 米，殘，起出鼓腹深罐 CI 型 1 件。

底徑程曆算：

0.5÷0.33＝1.15

1.15×3.0416＝4.6

此數謂秋分日爲 8 月 5 日。冬至日爲 11 月 15 日。

深程 0.02 米度當 5.5 日，當 6 日。曆損日數 96 日。

（2）F376 結構諸程度當日曆算

依《發掘報告》（下）附表五，F376 係第二期 I 段遺跡，位於 T309 第 4 層下，雍於 F322、F314、F380、H360。長方底、底殘長程 3.8、寬程 3.8、殘高程 0.35～0.4 米，戶向 306°。戶道長程 1.2、寬程 0.54 米，有 2 階。此營窟有燿闕，口徑程 1.1、底徑程 0.9、深程 0.35 米。

結構諸程即發掘者起土曾見、記錄之營窟結構諸向程。程以度計，但程別向程與非向程。遺跡諸程俱爲向程。每程皆有度數。譬如營窟戶道長程、戶道朝向、口徑程、底徑程、底深程、或底長程與寬程，以及窟燿闕諸向程。

F376 戶道長程度當日：

1.2÷0.33＝3.6363

3.6363×3.0416＝11

戶道寬程度當日：

0.54÷0.33＝1.63636

1.63636×3.0416＝4.97

折算 5 日。

F376 窟燿闕度當日曆算：

口徑度當日：

1.1÷0.33＝3.3333

3.3333×3.0416＝10.1386

此日數喻當年 2 月 10 日係春分日。

底徑 0.9 等於 K604 燿闕底徑效程，折算 8.3 日，即往歲 8 月 8 日秋分。冬至日 11 月 18 日，今歲夏至日仍是 5 月 18 日。起出深腹罐喻夏至日占算不誤。

F376 深有二程：0.4、0.35 米。前者大於於 K604 爟闕深效 0.06 米，後者寡於 K604 深效 0.01 米。此二深程差數爲 0.05 米。營窟深程有二數，此二數差告 F376 地平於祝巫係可昇降之平面。如此處置恰反映祝巫知曉黃道面昇降。

（3）K315 曆援 F376 測算

此爟闕深程殘甚，剩餘 0.02 米，此數與 F376 殘深程閾值之節點在於，F376 深程含效深程 0.36，而 K315 深程殘餘 0.02 米出自殘損深程之效 0.36 米。換言之，深程之效程 0.36 米聯結 K315 與 F376。

3）K335 覆援 H369 曆算

（1）H369 曆算

曆闕 H369 曆算見前考，其曆闕口徑之短者度當日：

0.92÷0.33＝2.78

3.0416×2.78＝8.45

末年春分日 2 月 8 日。

曆闕口徑長涇度當日曆算：

1.24÷0.33＝3.75

3.0416×3.75＝11.4

此數多於前數 3 日。其義在於，春分日於此處爲閾值，非定日。

曆闕底短徑程度當日：

0.86÷0.33＝2.6

2.6×3.0416＝7.9

前番秋分可爲 8 月 8 日。曆闕底長徑程度當日同口長徑程度當日，即 11 日，謂秋分可爲 8 月 11 日。

（2）K335 底徑程覆援 H369 口徑程之短程

K335 圓爟闕位於 T313 第 4 層下，係第二期 I 段遺跡。H369 也係此期 I 段遺跡。K335 覆 H369。此爟闕底徑程 0.9、深程 0.05 米，殘，無起出器。

檢此爟闕底徑援 H369 口徑程之短徑，二徑須等長，即 0.92 米。依此雍援得知，發掘者揭露 K335 時測算其底徑程長 0.9 米有誤差，原徑長須等於 0.92 米，誤差 0.02 米。

3. 第 II 段野爟闕星曆

1）孤爟闕曆算

（1）K108 曆算

爟闕 K108，橢圓，位於 T109 第 4 層下，口徑程 0.7～0.8、底徑程 0.7～0.8、深程 0.38 米，保存近全，無起出器。

長口徑度當日：

0.8÷0.33＝2.42

2.42×3.0416＝7.37

春分日至遲 2 月 7 日。

短口徑度當日：

0.7×0.33＝2.12

2.12×3.0416＝6.45

春分日早不過 2 月 6 日。

底徑同口徑，不須複算。其徑程大者度當 7 日，徑程小者度當 6 日。秋分早不過 8 月 6 日，至遲 8 月 7 日。

深程 0.38÷0.33＝1.15

1.15×3.0416＝3.5

此數謂 3 個半月，計得 106 日。

（2）K305 曆算

爟闕 K305，圓，位於 T328 第 4 層下，底徑程 0.6、深程 0.15 米，殘，無起出器。

底徑程度當日：

0.6÷0.33＝1.8

1.8×3.0416＝5.5

前番秋分 8 月 6 日，冬至 11 月 16 日。今番春分須爲 2 月 6 日，夏至 5 月 16 日。

深程度當日：

0.15÷0.33＝0.45

0.45×3.0416＝1.38

小數折算 11 日，計得 41 或 42 日。

（3）K337 曆算

燿闕 K337，圓，位於 T335 第 4 層下，口徑程 0.6、底徑程 0.6、深程 0.3 米，殘，起出淺罐 BI 型 1 件。

口徑程、底徑程度當日俱等於 6 日，此謂前番秋分日 8 月 6 日，冬至日 11 月 16 日；今番春分日 2 月 6 日，夏至日 5 月 16 日。

深程度當日：

0.3÷0.33＝0.909

0.909×3.0416＝2.765

小數折合 23 日，計得 84 日。

（4）K701 曆算

燿闕 K701，圓，位於 T704 第 4 層下，口徑程 0.9～1、底徑程 0.9、深程 0.4 米，近全存。無起出器。

口徑大程度當日：

1÷0.33＝3.0303

3.0303×3.0416＝9.2169

今歲春分日至遲 2 月 9 日。

口徑小程度當日：

0.9÷0.33＝2.72

2.72×3.0416＝8

今歲春分早不過 2 月 8 日。

底徑程度當 8 日，謂前番秋分 8 月 8 日，冬至 11 月 18 日。

殘深程度當日：

0.4÷0.33＝1.2121

1.2121×3.0416＝3.68678

小數折算 21 日，計得 113 日。

（5）K707 曆算

燿闕 K707 圓，位於 T705 第 4 層下，口徑程 1、底徑程 0.9、深程 0.4 米，保存近全，無起出器。

口徑程度當日：

1÷0.33＝3.03

3.03×3.0416＝9

今歲春分2月9日，夏至5月19日。

底徑程、深程俱同K701，故底徑程度當8日。深程度當113日。前番秋分8月8日，冬至11月18日。

（6）K710曆算

爟闕K710，圓，位於T703第4層下，口徑程0.6、底徑程0.6、深程0.2米，殘，無起出器。

口徑程度當日：

0.6÷0.33＝1.81

1.81×3.0416＝5.5

此數謂今番春分2月6日，夏至日5月16日。

底徑程度當日等於口徑程度當日，即6日，此數謂前番秋分8月6日，冬至11月16日。

深程度當1.84月，小數折算25日，計得55日。

（7）6K1曆算

爟闕6K1，圓，位於T6第4層下，口徑程0.65、底徑程0.6、深程0.2米，殘，無起出器。

推測口徑程本係0.66，此數乃狄宛曆闕深程2尺之別樣。

0.66÷0.33＝2

2×3.0416＝6

此數謂今番春分2月6日，夏至5月16日。

底徑度當日也等於6日，此謂前番秋分8月6日，冬至11月16日。深程度當月1.84，計得55日或56日。

2）孤爟闕星圖與曆算

（1）K314爟闕位置與模樣問題

長方爟穴如K314，位於IV發掘區中部探方T309東邊第3層下，圓角，長程0.57、寬程0.46、深程0.1米，底、壁均燒成褐赤色硬面（《發掘報告》圖八三）。K314係二期II段野爟穴。無出土物。其第4層有圓曆闕H3110、H3111，二者屬第二期第II段遺跡。二曆闕之後者起出起出鉢AII型1件，礪石B型2件（殘），有關節骨錐B型1件，骨笄B型1件。

檢此爟闕模樣，難窺前賢以此狀堝指何事。今依《發掘報告》圖三「發掘區探方圖」，檢探方 T309 位於斷崖內右偏，即地 VII 發掘區縱軸左邊。將諸發掘區探方南部聯繫，得最長緯線。在此協所系內，T309 大抵位於東部。

依遺跡下層、上層曆義聯繫，此爟闕與其下納器曆闕有何曆義聯繫？此爟闕位置有何含義？此爟闕何故有此模樣？

（2）輔畫朱線與菁（井）宿

今將此爟闕模樣視爲構圖基礎，依此爟闕與下層 H3111 曆義關聯，摹寫其圖樣。H3111 納 AII 型缽，此缽即狀如標本 F11：4 之瓦缽，《發掘報告》圖九八，1。此器淺底，口微收。AI 型有缽高程 15.6 釐米，AII 型高程最大 14 釐米（第 127 頁～第 128 頁）。

發掘者講「直腹較深」之「直腹」不誤，但「較深」不塙。扣置此器，使之變大，設擬人在其內，此器周邊去人不遠，器頂弧度自然，無凹狀，故不謂天極遠去。淺底瓦缽謂黃道線與赤道面相交，而且晝見天極不遠，時在夏季。而骨笄乃毌髮器。髮髻位於頂骨，此位置告髮不散亂。唯直立者須照顧髮不散亂，臥者不能、倒立者也不能。故骨笄告立者仰頭而骨笄斜插。骨笄斜插象徵日軌道在某時傾斜。某日晨或昏須能見此日景。依諸細節，今斷此圖乃近夏至或夏至初過某星宿圖。顧此圖出自祝巫精心摹記，納細節甚夥，故以朱線繪二圖。其一述祝巫俯視日落後星象。其二述星象樞要，及輔畫細節爲菁宿。

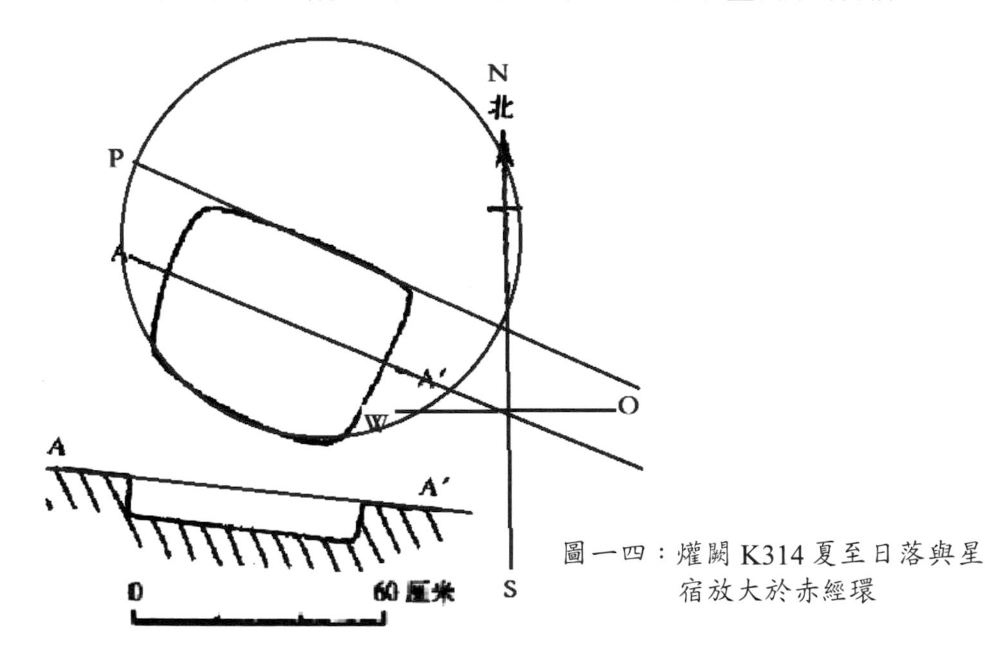

圖一四：爟闕 K314 夏至日落與星宿放大於赤經環

訓釋此圖須基於地平，即黃道平面。畫剖面圖 AA'連線，平置即見日作降運動。又依前考遠古井宿名菁，其本名乃搭接木柴，空心便火舌舐上，今摹寫菁宿圖樣如後，並給出宮線，便讀者對照。

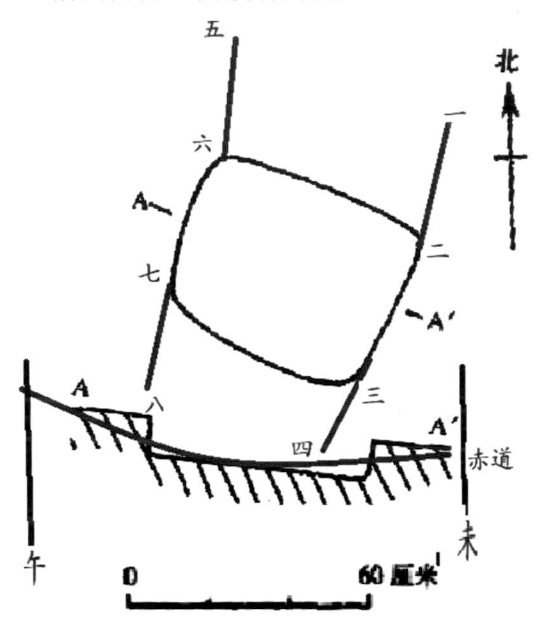

圖一五：爟闕 K314 菁宿與宮線

此圖宮線出自《中國天文學史》（第 252 頁）圖樣放寫。黃道宮與赤經相交近乎 90 度，漢字基數一迄八乃菁宿屬星。而舊圖八三有三邊毗鄰而以弧或似弧角相聯，爲菁宿四星。子午線本乎發掘者繪寫，我唯更換其位置，未改角度。後置之於對偶端。地平線在此傾斜，告日軌面與黃道面交角大變。

此圖也告狄宛祝巫已建天赤道，而且黃道與赤道耦動念頭已深入人心。由此推知，狄宛第二期祝巫諳用天極，赤道於彼等不爲陌生，而且祝巫能仰視天頂，甚或自設某種協所系〔註 102〕。而且，不須質詢他們是否知曉黃道度數、赤道度數。前著已證，狄宛第一期祝巫已知查看日全食，其別區察宿之能已具。璇璣歲、赤經面認知業已全環。彼等是否能推算地理緯度，我不知曉。

〔註 102〕 R. Roelofs, Astronomy applied to Land Surveying, N. V. Wed J. Ahrend & Zoon, Amsterdam 1950. 黃繼漢、高更新譯：《實用天文測量學》，測繪出版社，1959 年，第 14 頁～第 15 頁。協所系乃祝巫謀知、謀告他人之圖樣。其最大證據即狄宛第一期祝巫留存斷崖走向與 NS 線交角 23.5° 許。涉及協所系名謂，詳此書後「術語與考釋」。

末須補釋 K314 與 K232 原圖之別。K314 能被識爲張宿，故在兩圖平面傾斜坡度相似，而且 K314 面積彷彿來自 K232 內四邊面積。但此辨識有兩處不可靠：第一，K314 與天球軌道與用一段圓周，即西南弧邊。第二，K314 水平線西端大約在 A 對應東邊，此點爲 K314 西似弧邊中點。但 K232 水平線西端在西邊以南，導致線北段爲大半，線南段占小半。而 K232 東與西南有拉長諸狀。南偏西走向東北線斜度致此狀。葬闕曆志 M224 也能旁證此事。

（3）狄宛 K314 苝宿認知早於興隆窪 K127

前舉興隆洼遺址發掘簡報圖七 K127 係 F220 局部，又申說興隆洼 K127 係苝宿圖。此處考得狄宛二期 K314 圖樣係祝巫星圖之苝宿圖。今問，狄宛祝巫認知苝宿早，抑或興隆洼祝巫認知苝宿早？

欲答此問，須覓得二處佐證，或某一處毫無佐證。今問：興隆洼祝巫有無體統子午宮線。興隆洼 F220 傍 K127 周遭有無他遺跡，堪訓爲苝（井）宿附宿，譬如天樽、水府、弧矢、天狼等，或鬼宿之天狗、爟宿等。

檢興隆洼遺址不見天極、赤道、黃道圖樣，或特造地貌以象黃道或赤道日照線。基於此，不得判言興隆洼祝巫有星象基礎系統。

檢狄宛 K314 位於 T309 第 3 層下。其周遭有若干遺跡。今略考其要。依《發掘報告》圖三，探方佈置，T318 位於 K314 所在探方正南。此探方有曆闕 H393，起出瓦環 A 型 1 件（殘）。此物全能告日週旋，斜置而昇降兩端（冬至、夏至），能告日軌道面上下。殘者能告尾宿，屬東垣。

T309 正北有 T304，此探方第 4 層下有爟闕 K316。T309 東南有 T322，此探方第 4 層下有 F385，此營窟起出石球 D 型 2 枚、骨笄。此處當黃道午宮之東。骨笄反映顱骨頂骨，日行北端。

K314 所在探方正東有 T314，此探方第 4 層下有間葬闕 M316，間葬器甕、缽曆義同 M302。T308 位於 T309 正西。T308 第 4 層下有 H360、營窟 F381，此營窟起出石球 B 型 1 枚、瓦彈丸 AII 型 1 枚。石球瓦丸告察宿或行星。

檢 T303 位於 K314 所在探方西北。T303 第 4 層下有間葬闕 M302，間葬器甕、盆能告赤經面昇迄夏至（詳後間葬闕曆釋）。T309 西南係 T311，此探方下有營窟 F381，此營窟居住面有紅顏料，此遺跡起出石球 B 型 1 件、瓦彈丸 AII 型 1 枚等，此二物告察行星或恆星。

又檢 M224 摹寫南垣鬼宿等。夏至察日正南，即見此處星宿。M224 位於探方 T212 第 3 層下。自 T212 向 T309 畫線，此線平行於斷崖走向，而斷崖乃春分日照線。日照線北行，及夏至，能直 M224 摹寫南垣，固可直 K314 摹寫宿度。

如上檢告，T309 南、北、東、西、以及西南、西北俱有寫記日行正北之遺跡。而 M224 又能佐證此事。如此可證，狄宛祝巫以 K314 摹寫苒宿有系統。此處曆象、星象早於興隆洼遺址星象。

3）K346 雍援 F376 星曆

（1）K346 曆算

爟闕 K346，圓，位於 T309 第 4 層下，口徑程 0.95、底徑程 0.95、深程 0.15 米，殘。起出淺腹罐 AII 型 1 件。淺腹罐 AII 型即《發掘報告》圖一二八，第 2、4 器。依《發掘報告》附表六，K346 雍 F376。故推斷此處存在雍曆援。

口徑程度當日：

0.95÷0.33＝2.87

2.87×3.0416＝8.7

此謂今番春分日 2 月 9 日，夏至日 5 月 19 日。底徑程度當日同上，謂前番秋分日 8 月 9 日，冬至日 11 月 19 日。

深程度當日：

0.15÷0.33＝0.45

0.45×3.0416＝1.38

小數折算 11 日，計得 41 日。

（2）F376 窟爟闕底徑程係 K346 雍援曆數

依前檢 F376 諸程度，其戶道長程、寬程俱不匹配，營窟壁長程、寬程也不匹配。但窟爟闕底徑程堪爲 K346 雍援。

檢 F376 窟爟闕底徑程爲 0.9 米。此數盡被挖掘 K346 之祝巫採取。F376 窟爟闕底徑程 0.9 米度當 8 日，而 K346 底徑程度當 9 日。二者差 1 日。此事堪視爲祝巫後睹秋分日延遲 1 日。

4）6K2 覆援於 K1 暨毌期覆援曆算

（1）6K2 曆算

爟闕 6K2，圓，位於 T6 第 4 層下，覆於 K1。6K2 口徑程 0.9、底徑程 0.9、深程 0.28。殘。無起出器。此爟闕口徑程、底徑程同 K248

如前算 K248 口徑程度當 8 日，底徑程亦度當 8 日。前番秋分 8 月 8 日，冬至 11 月 18 日。今番春分 2 月 8 日，夏至 5 月 18 日。

深程度當日：

0.28÷0.33＝0.84

0.84×3.0416＝2.58

小數折算 17 日，計得 78 日。

（2）K1 曆算

依《發掘報告》（下冊）表一二，K1 係第三期第 I 段爟闕，係探溝 G5 內位於 T5 第 3 層下圓爟闕，口徑程 0.85、底徑程 0.8、深程 0.25 米，殘。起出 AI 型缸 1 件（第 774 頁）。

口徑程度當日：

0.85÷0.33＝2.57

2.57×3.0416＝7.8

今番春分日 2 月 8 日，夏至 5 月 18 日。

底徑程度當日：

0.8÷0.33＝2.42

2.42×3.0416＝7.3

前番秋分日 8 月 7 日，冬至日 11 月 17 日。

深程度當日：

0.25÷0.33＝0.75

0.75×3.0416＝2.3042

小數折合 9 日，計得 69 日或 70 日。

（3）K1 曆算之毌期覆援

考古學檢討文化期段依分期。迄今無人檢討毌期話題，毌期曆算援引不爲研究者知曉。但毌期曆算檢討乃究問一重大遺址文明沿襲唯一途徑。毌期曆援別爲毌期雍援與毌期覆援。毌期覆援謂後期遺跡援引前期遺跡曆算，而且後期某遺跡位於前期某遺跡之上，但不傷損前期此遺跡。覆曆援別二者：截取前期某遺跡某程度，或盡取某程度。此係毌期曆援之覆援。

爟闕 K1 毌期覆援謂此遺跡透過第三期地層，逕覆援第二期 6K2。言其覆援之證在於，K1 口徑程及深程近 6K2 口徑程與深程。前者口徑程爲 0.85 米，而 6K2 口徑程爲 0.9 米。K1 深程爲 0.25 米，6K2 深程爲 0.28 米。在此，我推測，此二遺跡此二參數測算或記錄有誤。二遺跡口徑程本相等，發掘時有誤差。於前者，誤差等於 0.05 米。於後者，誤差等於 0.03 米。

4. 第 II 段爟闕覆曆援

1）F3 覆援 K14 曆算

（1）K14 曆算

爟闕 K14，橢圓，覆於 F3。K14 位於 T1 第 4 層下，口徑程 0.68～0.74、底徑程 0.68～0.74、深程 0.2 米，殘。起出淺腹罐 BII 型 2 件，石球 B 型 2 件。

依《發掘報告》，淺腹罐 BII 型即狀似標本 F366：9，圖一二九、7（第 162 頁）；石球 B 型即圖一二六，8，標本 T210　：12（第 229 頁）。石球能告大星，尤能告行星。

口徑大程之度當日：

0.74÷0.33＝2.24

2.24×3.0416＝6.8

此日數謂今番春分日至遲 2 月 7 日。夏至日至遲 5 月 17 日。

口徑小程之度當日：

0.68÷0.33＝2.06

2.06×3.0416＝6

此數謂今番春分日早不過 2 月 6 日，夏至日早不過 5 月 16 日。

深程 0.2 米，如 K710 深程，度當 55 日或 56 日。

（2）F3 窟爟闕覆援 K14

F3 係第二期 II 段遺跡，位於 T1 第 4 層下。依附表五，F3 係間覆遺跡，覆 F13，又覆於 F2。間覆遺跡三遺跡縱向佈置，當間遺跡係間覆遺跡。位於上層、下層遺跡當間，又覆下層遺跡，故名間覆遺跡。

F3 方底、底長程 3.9、底寬程 3.2，牆（壁）高程 0.2～0.3 米，戶向 140°。戶道長程 1.1、寬程 0.6 米，2 階。窟爟闕圓，口徑程 0.74、底徑程 0.79、深程 0.4 米，窟有大柱 2 根，不詳如何樹立。居住面有赤顏料。爟闕前設泥圈。此營窟起出碗 DI 型 1 件、缽 BII 型殘片 1 件、石斧 AII 型 1 件。

檢 F3 諸程度，牆高程爲閾值，起數 0.2 米承取 K14 深程 0.2 米。而且，此營窟內窟爟闕口徑程堪當 K14 口徑大程，二者俱爲 0.74 米。如此可斷，F3 內爟闕口徑程曆援 K14 口徑程閾值 0.74 米。營窟內爟闕口徑程度當 7 日。此日數謂今番春分日 2 月 7 日，夏至 5 月 17 日。

2）K301 覆援 F321 曆算暨改向程曆援

（1）K301 曆算

爟闕 K301，方底，位於 T312 第 4 層下，覆 F321。K301 底徑程 0.6、深程 0.04 米，殘，無起出器。口徑程未知。附表六記「底徑」0.6 米告方底邊長 0.6 米。依發掘者給參數，此爟闕底須視爲正方。無平面圖，不知其朝向。

底徑度當日：

0.6÷0.33＝1.8181

1.8181×3.0416＝5.53

此數謂前番秋分日 8 月 6 日。冬至日 11 月 16 日。春分日未知。夏至日未知。

（2）K301 覆援 F321 曆算

F321 係二期 I 段營窟。位於 T307、310、312、313 第 4 層下，覆於 F347，方底，底長程 5.4、寬程 5.2、殘高程 0.6 米，戶向 345°，戶道長程 0.9，窟爟闕似瓢，口徑程 1.64、深程 0.28 米，營窟有大柱 4，小柱 7。

檢 F321 方底、狀同 K301。F321 樣貌被 K301 挖掘者仿效，此不須疑。但此非曆援。檢 F321 諸程度，唯其高程 0.6 米堪當曆援。

此高程被援引，但賦値已改。F321 高程 0.6 米度當日：

0.6÷0.33＝1.81

1.81×3.0416＝5.53

小數折算 16 日，計得 168 日，去秋分迄春分 182.5 日僅差 15 日。營窟穴深今改爲底徑程。此二數更改背後，存在述曆途徑更改：深程述關聯節氣秋分——春分日差，本於日軌道面昇降，此時段設擬黃道恒平。爟闕徑程設定出自日數設定。但此日數乃日照軌道上下移動之果。如此，深程曆援而爲徑程反映祝巫更改關聯節氣日數爲節氣內日數。如此曆援即改向程曆援。

3）K352 雍覆曆援與毌期曆援暨改向程曆援

（1）圓爟闕間雍暨 K352 係毌期曆術紐帶

雍覆曆援謂遺跡二者以上位置關係別二等：遺跡甲雍遺跡乙。遺跡甲又被遺跡丙覆壓。毌期即前三遺跡之覆遺跡屬後期遺跡。三者若干曆算堪檢得某一曆算係曆援。

第二期 II 段 K352 遺跡覆於 F330，雍 F385〔註 103〕，故 K352 於 F385 爲雍遺跡，於 F330 係受覆遺跡。此遺跡乃連屬狄宛第二期、第三期曆算樞紐。F385 係第二期營窟，但 F330 係第三期營窟。題見毌期義如前。

依三遺跡縱向位置及曆援，前曆算爲後曆算援採，似須先行 F385 曆算，後算 K352 曆日，末檢第三期 F330 曆日。若顧 K352 係檢討旨的，須先求其曆日，以便對照。故先爲 K352 曆算。

（2）K352 曆算

爟闕 K352，圓，位於 T322 第 4 層下，口徑程 0.8、底徑程 0.8、深程 0.6 米，殘，起出器蓋 BI 型 1 件。

口徑程度當日：

0.8÷0.33＝2.42

2.42×3.0416＝7

此數告今歲春分 2 月 7 日，夏至 5 月 17 日。底徑程度當日同爲 7 日，此數謂往歲秋分 8 月 7 日，既往冬至 11 月 17 日。

深程度當 168 日。此深程反映曆日起於前番秋分後 15 日，或今歲春分前 15 日。

（3）F385 曆援參數擇算

F385 係第二期第 II 段遺跡，位於 T322 第 4 層下。覆以 F330，殘爟闕，雍以 K352，方底、近全存。營窟底長程 5.85、寬程 4.9、墻高程 0.5～0.6 米。戶向 35°、戶道長程 1.4、寬程 0.52 米，窟爟闕圓、口徑程 0.9、深程 0.54 米。營窟有大柱 2、小柱 3，不詳如何樹立。起出物眾：拋光面礪石 A 型 1 件、石球 D 型 2 件、居住面有赤顏料、土床、爟闕前設土坎。

檢諸程度，唯 F385 半地穴當墻壁之樹立面高程最大數堪被曆援。此高程之曆義同 K352 深程。二數度當日同，俱爲 168 日。

（4）F330 毌期異向程曆援甄別暨戶道義初識

依《發掘報告》述，位於第 IV 發掘區東 T322 第 3 層下，係第三期大營窟之一。東北角雍於同期段 H352。覆 H393、F338、F385 等。方底。戶

〔註 103〕《發掘報告》（下冊）附表六言「覆」，但附表五言「打破」（第 745 頁，第 3 欄）。不詳發掘者爲何俱兩說。我以爲，此處須言「雍」，故在 K352、F385 屬同層遺跡。

向 47°。營窟底邊長程 8.4（西北——東南走向）、底邊寬程 8.1 米。營窟壁幾盡殘破。居住面以草筋泥構造。戶道位於東北壁正中，係斜坡底溝狀戶道。戶道室外長程 2.66、室內長程 0.66、寬程 0.6、深程 0.2～0.46 米。戶道底向室內延伸部下掘 0.24 米，爲通風口。坑口長程 1 米，底部略小、底部與室內爟闕由一通風孔相聯，孔徑 0.26 米。通風坑外，戶道以草拌泥塗抹。長邊西北——東南走向。北面長邊兩端之間，有戶道。戶道在底內一端幾乎直對窟爟闕。

此爟闕曾被兩番修整，上口圓，底稍小而呈橢圓，口徑程 1.6、底徑程 1.3～1.48、深程 0.38 米。東北部爟闕邊稍隆起。爟闕壁爲紅燒草泥土硬面，底部爲青灰色硬面。在硬面下 0.1 米處，有一層青灰色硬面係原爟闕底。底南斜挖袋狀火種洞，口徑程 0.18、底徑程 0.5、深程 0.68 米，洞存不少灰燼。

營窟 F330 以結構之故有多組參數。檢營窟構造參數俱不堪曆援，通風口參數、爟闕參數、爟闕底參數俱不堪曆援。唯戶道寬程堪被曆援。此數即 0.6 米。

檢 F285 牆高程乃 K352 深程雍援之數，而且二遺跡深程乃同向程參數。二者俱當 168 日。此二遺跡乃同期同段遺跡，此等曆援乃同向程曆援。今見第三期 F330 覆 F285，而 F285 牆（壁）大深程今用如戶道寬程 0.6 米。如前著考，深程告向自下而上之程，其效度乃 2 尺，於時段爲往歲秋分迄今歲春分。

今見祝巫挖掘 K352，依 F385 深程爲 K352 深程，此係同期雍援，係同向程雍援。此度程於 F385 有何曆義，今於 K352 曆義不變。但第三期祝巫挖掘 F330 援 F385 深程，以爲戶道寬程。此等曆援係異向程曆援。

此處所見曆援類似 K301 覆援 F321 高程而爲徑程。但異向程曆援之曆義何在，此係疑問。倘使不能澄清此題，不能辨識前期、後期祝巫不同曆爲之故。

檢狄宛第一期曆闕縱橫程度之義，知橫向度變告日數變更。日照地面如日自陰面而在地中，目雖不睹。但日行數日，須見日射線初始射著點變動。由此得知，日數之變以橫向度程之變記錄。此乃曆爲必然。又察此事本乎赤經面昇降，它與黃道面昇降爲耦，相迎或相去述時節參差。無論二者怎樣耦動，平面左右程度與縱向程度變動乃異向程度變動。澄清此義，今可檢討 F330 戶道曆義。

檢 F330 戶向 47°，此謂日照線在緯線以北 43°。日初出此處正東地面，光由戶而入營窟。故戶道線乃日照線。此時節或為春分後 43 日日照線，或為夏至後 47 日日照線。戶道寬程堪視為日照幅面，日射線南北散開。依此，知戶道寬程度當日數謂某起始日，為 5.5 日。此日終於何時，須設擬日照點東西移動而定。畢竟，日照射面須依長寬而論，前者涉及寬頭，今在求算長頭。長頭即戶內戶道長。

檢 F330 戶內戶道長程 0.66 米，度當 6 日。如此可定，戶道寬程度當日數閾值等於 5.5～6 日。此日數恰為晝夜日差，即晝夜時差半日。此曆義揭示佐證，狄宛祝巫能堝算晝夜日差，而非徒以目視晝夜時差。此二數差半日，終於 1 日：自第 5.5 日迄第 6 日，此乃半日。知此可斷，F330 戶道寬程之小程 0.6 米被 F385 為曆者援引，而且用如大深程。

5. 第 III 段野爟闞曆算與雍覆曆援

1）孤爟穴曆志

（1）K4 曆算

爟闞 K4，瓢狀，位於 T5 第 3 層下，口徑程 0.7～0.9、底徑程 0.65～0.8、深程 0.2 米，殘，無起出物。

口徑大程度當 8.29 日，口徑小程度當日 6.45 日。此二數告今歲春分不早於 2 月 6 日，不遲於 2 月 8 日。

底徑大程度當 7.37 日，底徑小程度當 5.99 日。此二數告前番秋分早不過 8 月 6 日，遲不過 8 月 7 日。

深程度當 1.84 月，小數折算 25.3 日，計得 55 日。後不再依效計算冬至、夏至日。

（2）K5 曆算

爟闞 K5，圓，位於 T9 第 3 層下，口徑程 0.8、底徑程 0.75、深程 0.2 米，殘，無起出物。

口徑程度當 8.29 日，此數告今番春分日 2 月 8 日。底徑程度當 6.9 日，此數告前番秋分日 8 月 7 日。深程度當 55 日。

（3）K105 曆算

爟闞 K105，圓，位於 T109 第 3 層下，口徑程 0.45、底徑程 0.4、深程 0.24，殘，無起出物。

口徑程度當 4.14 日，此數爲今番春分 2 月 4 日。底徑程度當 3.68 日，此數謂前番秋分在 8 月 3 日夜間。

深程度 2.212 月，小數折算 6.36 日，計得 66.36 日。

（4）K216 曆算

爟闕 K216，圓，位於 T220 第 3 層下，口徑程 0.85、底徑程 0.8、深程 0.33 米，殘，無起出物。

口徑程度當 7.83 日，此數告今番春分 2 月 8 日晨刻前。底徑程度當 7.37 日，此數告前番秋分 8 月 7 日。

深程度當 3.0416 月，計得 91.248 日。此數爲前番秋分迄今番春分時段之半，當冬至日，即前番冬至日 11 月 8 日。

（5）K226 曆算

爟闕 K226，圓，位於 T220，地層數不詳。口徑程 1、底徑程 0.95、深程 0.35，殘，無起出物。

口徑程度當 9.21 日，此數告今番春分 2 月 9 日。底徑程度當 8.75 日。深程度當 3.22 月，小數折算 6.77 日，計得 96.77 日。此數告曆算時段敷秋分迄冬至，冬至迄春分。

（6）K233 曆算

爟闕 K233，圓，位於 T212 第 3 層，口徑程 0.8、底徑程 0.8、深程 0.15 米，殘，起出「石銽削器」B 型 2 件、鼓腹罐 AVI 型殘片 1、石斧 CI 型 1 件等。

B 型「石刮削器」即《發掘報告》圖一五一之 3、5、6，第 5 爲橢圓，第 3 近橢圓，第 6 器器身被斜截一塊。橢圓器能象日軌道。但不知此處 B 型謂何狀。罐殘片告時節涉大火星或爟宿曆義。石斧即《發掘報告》圖一四七，5。標本 F214：1，立石斧視大面，見其狀如木梯一階四邊一面，下大上小。平置此物，兩長邊線延長後能在某處相交。使小頭在左，大頭向右，兩邊似日照線移動。

口徑程度當 7.37 日，此謂今番春分 2 月 7 日。底徑程同口徑程，度當 7.37 日，謂前番秋分日 8 月 7 日。深程度當 1.3825 月，計得 41.47 日。自底徑迄口徑，深程度當日較之關聯節氣基準日數 182.5 差 141.03 日。此謂 4 個月又 21 日。

（7）K330曆算

爟闕K330，圓，位於T323第3層下，口徑程0.6、底徑程0.56、深程0.24米，殘，無起出物。

口徑程度當5.5日。此數謂今番春分日2月5日。底徑程度當5.16日，此數告往歲秋分8月5日。

深程度當2.212月，小數折算6.36日，計得66日。此日數寡於秋分——春分日數116.5日。

（8）K338曆算

爟闕K338，圓，位於T335，層數不清。口徑程0.6、底徑程0.55、深程0.22米，殘，無起出物。

口徑程度當5.5日，底徑程度當5日。深程度當2.0277月，計得60.83日。此日數乃秋分迄春分總日數$\frac{1}{3}$。

（9）K348曆算

爟闕K348，圓，位於T341第4層下，口徑程0.6、底徑程0.55、深程0.22米，殘，無起出物。同K338，不再檢算度當日。顧此二爟闕諸程度相等，今問爲何如此？

檢二爟闕位置參差，K338位於探方335某層下，而K348位於T341第4層下。二遺跡無瓦器或他器。甚難比較。

檢《發掘報告》圖三，見二者所在探方相去甚遠。但若畫朱線，二者曆義關聯，而且述日照月日不異。

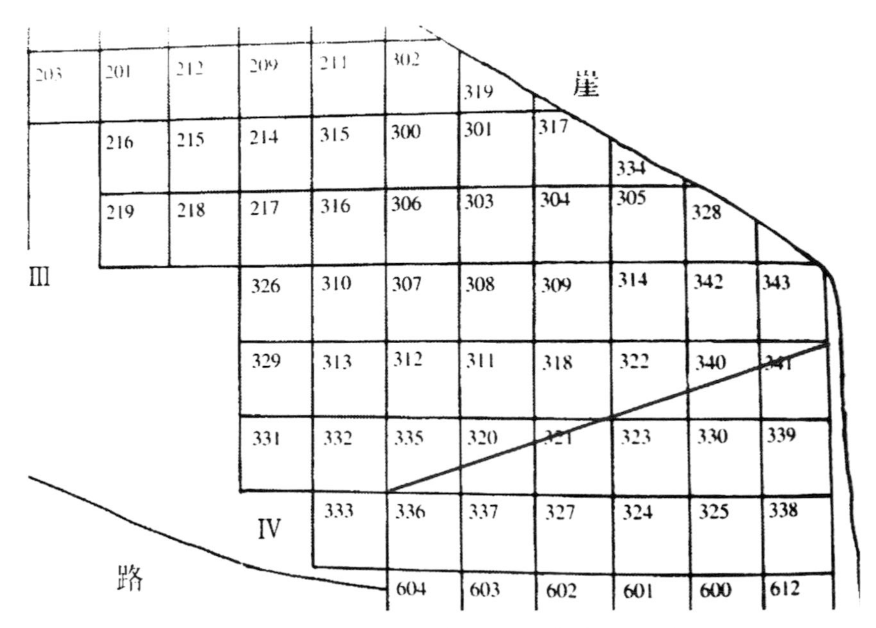

圖一六：爟闕 K338 與 K348 異地同照同曆

檢此圖，得知朱線始於 T335 西南角，伸向 T341 東北角。如此，兩探方位置關係被照顧。以此線爲日照線，K338、K348 被同日日射線射著。如此可斷，二者參數相同，非祝巫碰巧或偶然造設，而出自精細測算。

2）K208 同段遺跡雍曆援

（1）K208 曆援

爟闕 K208，圓，位於 T208 第 3 層下，雍 F207、F215。口徑程 0.95、底徑程 0.9、深程 0.35 米，殘，起出甕 B 型 1 件。發掘者揭露土層而見此甕，須曾見其如何擺放，但未記。今不知其擺放模樣，不能推斷此甕位置曆義。

口徑程度當 8.75 日，此日數今番春分日 2 月 8 日。底徑度當 8.29 日，此數告前番秋分日 8 月 8 日。

深程度當 3.2259 月，小數折算 6.77 日，計得 96.77。

（2）F207 爲 K208 雍援向程辨識

依發掘者述，F207 位於第 III 發掘區西北部探方 T202 與 T208 之間第 2 層下。被同期段 K208、H209、H210 覆或雍。北部被後期活動破壞。依殘存居住面分佈、爟闕遺跡通風坑位置推定，此遺跡係一座方向約 117° 得圓營窟。底面邊緣被後期活動破壞。殘存面東西長程 8.6、南北寬程 5.5 米，狀似半月狀，位於南半部。草泥塗抹居住面厚約 0.03 米。依殘存居住面、爟闕、通風坑東西中線爲軸，推測其復原後東西徑程 8.6 米，南北徑程 9.7 米。底面爲圓。

房基東邊有橢圓狀爟闕，東西徑程 1.24、南北徑程 1.44、深程 0.37 米。其內壁爲紅燒土硬面。底部西面有火種洞，洞口徑程 0.25 米。內部呈袋狀，斜向深程 0.58 米。納草木灰燼及木炭顆粒。爟闕底開有徑程 0.28 米一通風孔，與爟闕東部通風坑通。依現存通風坑東西長程 1.3、南北寬程 0.9、深程 0.58 米甄別，此遺跡戶道長程當在 1 米左右。

在南部居住面發現有兩個橢圓曆闕，H209、H210，此二闕殘破居住面。H209 位於居住面東南，東西徑程 1.25、南北徑程 1.15、深程 1.3 米。底似圜，納深灰色填土。H210 曆闕位於居住面西南部，東距 H209 大約 2 米，東西徑程 1.05、南北徑程 0.95、深程 1.5 米。底部平整，納深灰色土。依其位置，二曆闕係 F207 曾有中間力柱柱洞遺跡。對應北半部也有兩個大小相似柱洞。此營窟係一座有四個中間力柱之較大營窟遺跡（《發掘報告》上冊，圖八〇）。

檢營窟 F207 諸參數之戶向、殘存面長寬程、窟爟闕諸參數，窟內 H209 諸參數俱不堪匹配曆援參數，唯營窟居住面西南之曆闕 H210 南北徑程堪被曆援，此曆闕東西徑程 1.05、南北徑程 0.95、深 1.5 米。底部平整。

檢此曆闕南北徑程 0.95 米同爟闕 K208 口徑程。依《發掘報告》（下）附表五，此營窟位於探方 T208、T202 及擴方第 2 層下。雍於 H209、H210、覆於 K208，雍 F232、F229、F215、F213、F246。依此，須認爲 K208 覆援 F207。如此可斷，K208 曆闕覆援營窟 F207 內改自柱洞之曆闕 H210 南北徑程。如此曆援乃同向程曆援，不涉及舊曆義轉換。

（3）F215 曆援參數檢求

F215 係第二期第 II 段遺跡，位於 T202、T208 第 4 層下，覆以營窟 F207、F213、曆闕 H209、H218、爟闕 K208、雍以曆闕 H210。長方底、近全存。底長程 4.8、寬程 3.6、殘牆高程 0.6 米。戶向 100°，戶道長程 2.9～3.3、寬程 0.6 米、有 3 階。窟爟闕圓、口徑程 1、底徑程 1 米、深不詳。營窟有大柱 2、小柱 2，不詳如何樹立。

居住面有赤顏料。起出物不少：圜底盆 BIII 型殘片、尖底瓶 II 型 1 件（殘）、瓦線陀 AI 型 1 件、打製刃石斧 1 件（殘）、寬短體骨鏟、「石刮削器」B 型 1 件等。瓦線陀可用於記錄日食。骨鏟用於找平。

檢 F215 諸程度，無一匹配 K208 諸程度，唯牆高程 0.6 米堪爲 K208 深程 0.35 之源。

3）K303 曆援

（1）K303 曆算

爟闕 K303，方，位於 T325 第 3 層。雍 F369。口徑程 0.8、底徑程 0.75、深程 0.25 米，殘，無起出物。案，附表六言口徑須是長程、寬程，底徑程 0.75 須是底長程、寬程。

口徑程 0.8 米度當 8.29 日，此日數爲今番春分 2 月 8 日。底徑程度當 7 日，此數謂前番秋分日須是 8 月 7 日。

深程度當 2.3042 月，小數折算 9 日，計得 69 日。

（2）F369 曆算

依《發掘報告》（下）附表五，F369 係第二期第 II 段遺跡，位於 T330、T325、T339 第 4 層下，雍以 H375、又雍 F351、F364。方底、近全存。底長程 4.96、寬程 4、墻殘高程 0.5 米。戶向 28°、戶道長程 1.64、戶道寬程 0.56 米。窟爟闕圓、口徑程 0.95、深程 0.48 米。營窟有大柱 2、小柱 2，不詳如何樹立。居住面有赤顏料。起出角錐 A 型 1 件、「筆帽」狀器 1 件。

檢 K303 諸程度，無一程度等同 F369 程度之一。唯 K303 深程能採自 F369 穴壁深程。而且，今推測 K303 深程來自 F369 深程二分之一。倘若此猜測不誤，F369 穴壁深程發掘有誤差。

4）K317 爲 M306 毌期雍援之跡不明

（1）K317 曆算

爟闕 K317，圓，雍於 M306，位於 T304 第 3 層。口徑程 0.62、底徑程 0.6、深程 0.34 米，近全存。無起出物。

口徑度當 5.7 日。此數謂今番春分 2 月 6 日。底徑程度當 5.5 日，此數謂前番秋分 8 月 6 日半。彼時半日起於何時。

（2）M306 葬闕雍援不明

M306 係第四期遺跡。檢附表二一，M306 位於 T304 第 2 層下，長方豎穴，長程 2.1、寬程 0.7～0.8、深程 1 米，埋男骨，骨殖仰身直擺、頭向 119°，近全存。無起出器。

頭向 119° 即骨殖走向準乎顱骨，走向東南——西北。在第 2 象限，墓主面向西北。查看西偏北星象。

檢此葬闕，不見諸程度之一匹配 K317 某一程度。由此推斷，M306 雍援 K317 之跡不明。但不得以爲，此二者於曆算史毫無內涵。即使判定程度不入曆援，或可斷定第三期、第四期祝巫曆爲產生斷層。何況迄今未檢傍間處所有無它遺跡。

5）K704 覆雍援 H709 曆算

（1）K704 覆援 H709 曆算

爟闕 K704，圓，覆 H709，位於 T703 第 3 層，口徑程 0.8、底徑程 0.75、深程 0.3 米，近全存，出土鼓腹罐 AVI 型 1 件，石刀 C 型 1 件，有關節骨錐 A 型 1 件、骨笄 A 型殘件 1。

依《發掘報告》（下）附表六（第 757 頁倒數第 4 欄）述「打破 H709」。此說異於附表七言「疊壓在 K704 之下」（第 762 頁，第 7 欄）。依二遺跡所在地層高低，K704 覆 H709，但依附表六「打破」說，上層遺跡 K704 又雍 H709。在此斷定 K704 與 K709 位置乃覆雍，而非平雍。

口徑程度當 7.3 日。此數謂今番春分日 2 月 7 日。底徑程度當 6.9 日。此數謂前番秋分 8 月 7 日。

深程度當 2.765 月，小數折算 23 日，計得 83 日。

（2）H709 曆援

曆闕 H709 係第二期第 II 段遺跡。位於探方 T703 第 4 層下。近全存。橢圓，口徑程 1.5～1.86，底徑程 1.4～1.65，深程 1.2 米。出瓦線陀 AI 型 1 件等物。骨鏃、骨笄（陽剛入軟線）、骨針。瓦線陀告日全食，前著已考。依《發掘報告》（下）附表七，此遺跡爲 K704 覆壓。

檢 K704 諸程度，唯 H709 口徑程閾值之小程度、底徑程閾值之小程度堪被曆援，而且，K704 取 H709 徑程閾值之小程度二分之一爲效。此曆援乃覆雍同向程曆援。

6）K107 覆援 F107 及其毌期覆援

（1）K107 曆援

爟闕 K107，圓，覆以 K106，位於 T109 第 3 層下。此遺跡也屬地第 III 段遺跡。依附表六，K107 覆以 K106、覆 F107。K107 口徑程 0.66、底徑程 0.6、深程 0.26 米，殘，無起出物。

口徑程度當 6 日。此數謂今番春分 2 月 6 日。底徑程度當 5.5 日，此數謂前番秋分 8 月 5 日半。

（2）F107 深程覆援

此營窟係第二期第 III 段遺跡，位於 T109 第 3 層下，覆以 K106、K107，營窟內燂闕口沿雍以 K107（案，K107 下切迄窟燂闕口沿）。底面不清。唯存少許居住面。底殘，長程 2、殘寬程 1 米。戶向 196°。窟燂闕圓、口徑程 0.74、底徑不清，深程 0.28 米。無起出物。

檢 K107 諸程度，唯深程近 F107 內窟燂闕深程。二處俱無起出物。二數相差 0.02 米，即相差 2 釐米。推測此數出自誤測或誤記，可視爲誤差。

（3）K106 毌期覆援辨識

依《發掘報告》（下）附表一二，K106 係第三期圓燂闕，位於 T109 第 3 層下，覆 K107、F107，口徑程 0.83、底徑程 0.7、深程 0.15 米，殘，無起出物。此遺跡係覆遺跡，若存在曆援，即見覆曆援。

口徑呈度當 7.65 日。此數告今番春分 2 月 8 日前約 0.25 日。底徑度當 6.45 日。此數告前番秋分 8 月 6 日。

深程度當 1.38 月，小數折算 11 日，計得 41 日。

檢第三期 K106 毌期曆援第二期第 III 段 K107 之程度不清，但曆援 F107 之程度清白：K106 底徑程 0.7 米取自 F107 窟燂闕口徑程 0.74 米。此二數差 0.04 米。此差數出自測算誤差，抑或第三期祝巫故爲，今不清。

7）K223 覆援 F231 星曆

（1）F231 諸程度甄別

F231 係第二期 II 段遺跡，位於 T210 第 4 層下，覆以 K223，雍以 M205。底面不清。殘存戶道、窟燂闕。戶向 180°、戶道長程 1.15、寬程 0.53 米。窟內燂闕圓，口徑程 0.8、底徑程 0.8、深程 0.2 米。起出碗 A 型 1 件、陶彈丸 A 型 1 件、瓦線陀 AII 型 1 件。案，戶道、窟燂闕殘存唯告祝巫爲 K223 時故存此二者。

檢戶向 180° 告黃道、赤道面平行。是日非秋分即春分。依此遺跡起出瓦線陀能象日全食而斷，此 180 度告秋分日。狄宛第一期臨界日全食發生日爲證。依《發掘報告》（上冊）圖一三八，AII 型瓦線陀別三等：有孔並少半素面；無孔而三扇面黑間斷散佈，使核心之外留弧邊三角；無孔而滿面黑。附表六未述此營窟起出瓦線陀模樣。

檢 F231 窟爟闕底徑程堪爲 K223 曆援程度，F231 窟爟闕底徑程 0.8 米，而 K223 底徑程係閾值：0.78～0.88 米。此數含 0.8 米。

（2）K223 曆算援引

爟闕 K223，圓，覆 F231，位於 T210 第 3 層下。口徑程不詳。底徑程 0.78～0.88、深程 0.1 米、殘，起出圜底盆 BI 型殘片 1，帶蓋罐 A 型 1 件。

底徑大程度當 11 日。底徑小程度當 7 日。前番秋分日不早於 8 月 7 日，不遲於 8 月 11 日。深程度當 27 日弱。

8）K604 異向程覆援

（1）F603 與 H600 及 H603 諸程度

F603 係二期 I 段遺跡，位於 T600、T601 第 4 層下。雍於 H600、H603 以及壕溝，覆以 K604。此營窟方底，近全存，底長程 3.6、殘寬程 2.6、殘高程 0.15～0.32 米。戶向 303°。戶道殘長程 0.5、殘寬程 0.44。窟爟闕圓、口徑程 0.7、深程 0.3 米。起出陶盂 CI 型 1 件。骨錐殘尖 1 件。

曆闕 H600，口徑程 2.4，底徑程 2.66，深程 0.66 米，雍營窟 F602、F603 戶道，雍以 H603。出土礪石殘片。檢附表五，F602 係第二期第 III 段遺跡，出土瓦線陀、石刮削器、骨鑿、以及編者所言「骨特殊器」。此等骨器即「少量難以確定用途」諸骨器（《發掘報告》上冊，第 233 頁）。

曆闕 H603，圓，口徑程 1.9、深程 0.96 米，雍 F603、雍於 H600。H603 圜底，起出石刀、骨笄。又檢附表五，F603 係第二期第 I 段營窟，出土殘骨錐、陶盂。H600 係第二期第 III 段曆闕。

（2）F603 同向程雍援 H600 與 K604 異向程覆援 F603

推測 F603 牆深程閾值之大深程等於 0.33，即狄宛一尺。雍援曆闕 H600 深程 1／2，取 H600 深程 0.66 米之 0.33 米。但 F603 雍援 H603 之跡不明。

而 F603 爲 K604 雍援之證在於，前者底長程係 K604 深程十倍，即

3.6＝0.36×10

此處存在異向程曆援。

K604 諸程度當日數前已算，不援引。此爟闕即前考狄宛第二期爟闕之效爟闕。

9）K708 毌期曆援

（1）K708 曆算

爟闕 K708，圓，K708 位於 T705 第 3 層，此爟闕底徑程 1.1、深程 0.1 米，殘，無起出物。覆 F706。

底徑度當 10 日。深程度當 27 餘。

（2）F706 曆算

營窟 F706 係第二期 III 段遺跡，位於 T705 第 4 層下，雍以 H704，覆 F710、K708。覆援 F710、K708，又爲 H704 雍援。H706 底面不清。

F706 存居住面少許。底長程 5.1、寬程 4 米、牆殘。戶向 225°。窟爟闕圓，口徑程 0.8、深程 0.28 米。起出鼓腹深罐 AVI 型 1 件。

營窟底長程度當日：

5.1÷0.33＝15.45

15.45×3.0416＝47

程超日數 17 日。

底寬程度當日：

4÷0.33＝12.1212

12.1212×3.0416＝36.86

程超日數 7 日。

窟爟闕口徑度當日：

0.8÷0.33＝2.42

2.42×3.0416＝7.37

爟闕口徑程度當 7 日，此日數謂今番春分 2 月 7 日。

深程度當日：

0.28÷0.33＝0.8484

0.8484×3.0416＝2.5

小數折合 15 日，計得 75 日。

（3）間期曆援暨同異向程曆援

依發掘者述 K708 諸程度，此遺跡第 3 層下覆 F706，但曆援之跡不清。若欲截取 F706 底長程之 1.1 米爲度，K708 底徑程曆義有本。

檢曆闕 H704 係第四期第 III 段遺跡，位於 T705 第 1 層下。雍 F706、F710，口圓、斜壁、平地曆闕，口徑程 2.6、底徑程 2、深程 0.8 米。起出殘瓦缽、殘銼等。

營窟 F710 位於 T705 第 4 層下，底面不清，係第二期第 III 段遺跡，雍於 H701，覆於 F706。底殘長程 6.6、殘寬程 6.3，戶向 295°。窟爟闕圓，口徑程 1.06、深程 0.54，起出骨笄。

F706 之口徑程今變爲 H704 深程，此處存在異向程曆援。而 H704 口徑程 2.6 米取自第二期 F710 底長程 6.6，二者相差 4 米。此二數曆義無改。

依如上遺跡在探方 T705 地層，H704 最遲。H704 雍 F706，F710，非同期同層雍，而係間第三期而雍第二期 F706、F710，由於此二營窟位於第 4 層下，而 K708 位於第 3 層。此遺跡不與 H704 曆算關聯。F706、F710 被第四期 H704 間期曆援。間期曆援乃大遺跡曆算多期關聯檢討之樞紐。

10）K709 覆援 H717 曆算

（1）K709 曆算

爟闕 K709，圓，K709 位於 T703 第 4 層。口徑程 0.65、底徑程 0.6、深程 0.32 米。近全存。起出石鑿 B 型 1 件，覆 H717。

口徑 0.65 米度當 6 日，此數謂今番春分 2 月 6 日。底徑程 0.6 米度當 5 日半，此數謂前番秋分 8 月 5 日半。

（2）H717 曆算

曆闕 H717，係第二期第 II 段遺跡，位於 T703、T704 第 4 層下，上覆以 Y709，近全存。口呈長方，口徑程 0.9～1.68、深程 0.35 米，起出殘陶銼 AI 型 1 件。

檢此遺跡口徑程不得爲 K709 曆援參數，唯深程 0.35 米堪當曆援。推測此數喻前舉 K709 深程 0.32 米差 0.02 米。由此得知，此二數之一本乎發掘誤差。何者係誤差數，難以評判。

6. K705 爟事正二至二分

1）爟闕寫記日過黃經

（1）K705 舊述

《發掘報告》（下）附表六述，爟闕 K705，橢圓，位於 T707 第 3 層下，覆 F707、F715。K705 口徑程 0.98～1.22、底徑程 0.9～1.15、深程 0.3 米，近全存。起出土尖底缸 BII 型殘片 1，穿孔短褶矛蚌 6 枚。案，穿孔短褶矛蚌堪用於合朔曆算，前著已考。

依《發掘報告》述，此爟闕直桶狀，南北徑程 1.22、東西徑程 0.98、深程 0.3 米。壁、底係赤色燒土硬面，無火種洞、通風孔，在東、南、西各開長程 0.06～0.08、寬程 0.06、深程 0.2 米斜坡豁口，發掘者不詳其意（上冊，圖八四，第 113 頁）。兩處記述互證互補。此圖狀似 H326 平面圖樣，差別僅在 H326 無豁口，二遺跡程度參差。兩圖長徑程俱走向南北。狄宛第一期起出圜底器，扣合狀似天球。此處見圖外廓橢圓似天球，日行道位於天球上。

（2）**輔畫朱線與曆義參數**

前檢發掘者述 H326 口狀似「鴨蛋形」，K705 也有此狀。而且，前考狄宛祝巫喜好烏雚孵卵。放烏雚卵而爲蒼穹圖，毫無怪異處。基於地平而以橢圓畫其外廓，見朱線橢圓。今定此圖如 H326 俱出自祝巫放寫烏雚卵狀，以爲蒼穹。斜坡豁口三所曆義須恃 AA'曆義彰顯。既往，我曾以爲此圖述大火星出、伏、隱，後見星圖不明，又檢祝巫爟事頻仍，故從系統而定祝巫在此爟火。

依發掘者畫 AA'連線，並見此線能當地平協所系之緯線。若以此圖外廓爲日環黃道圖，則 AA'線與爲黃經 180°～0°線。日既經天而有投影，祝巫放寫投影而見日繞黃道行，故畫平面圖下端線，垂直於 WO 線，以爲子午線。後畫兩側豁口連線，即 AB 線。此線交 AA'以 12 度。以此三處引火，自冬至日起用火，迄春分 3 個月。後於春分日後 12 日在 B 豁口引火爟事，以迄夏至。用日計 180 日。後於秋分日爟事於正西。

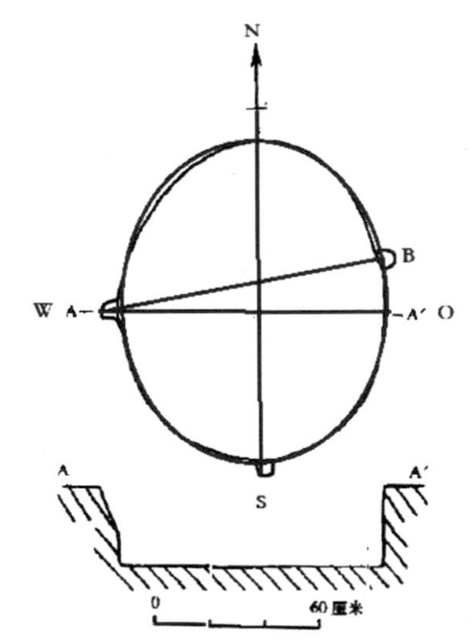

圖一七：爟闕 K705 爟火正二至二分

三處爟事以正冬至、清明前 3 日，後用火迄夏至以正夏至，後正秋分。日所度數：270°、0°、12°、90°、180°。依此知祝巫爟事正二分二至。

2）K705 曆援

（1）K705 曆志

南北口徑程度當日：

1.22÷0.33＝3.69

3.69×3.0416＝11.2

東西口徑程度當日：

0.98÷0.33＝2.96

2.96×3.0416＝9

此二數告今番春分 2 月 9 日，夏至日 5 月 11 日。

南北底徑程度當日：

1.15÷0.33＝3.48

3.48×3.0416＝10.6

此數告前番冬至 11 月 10 日。

東西底徑程度當日：

0.9÷0.33＝2.72

2.72×3.0416＝8.29

此數告前番秋分日 8 月 8 日。

其深程度當日：

0.3÷0.33＝0.909

0.909×3.0416＝2.76

小數折算 23 日，計得 2 個月又 23 日。計得 83 日。穿孔短褶矛蚌 6 枚告日偏食 6 番。矛蚌狀似橢圓，能象徵天體橢圓軌道。

（2）K706 曆援 F707 窟爟闕深程

第二期第 III 段營窟 F707 位於 T707 第 4 層下，覆 F715，雍於 H707、覆於 K705。底長程 5.3、底寬程 4.7 米，戶向 240°，窟爟闕圓，口徑程 1、深程 0.4 米，起出圜底盆 BV 型 1 件、鼓腹深罐 AVI 型 1 件、AV 型殘片 1 件。瓦線陀 AII 型 1 件、石斧 AIII 型 1 件、石刀 C 型 1 件、麻面磨石 A 型 1 件、礪石 A 型 C 型各 1 件、「石刮削器」1 件、骨笄 A 型殘件 1。營窟有小柱 8 根，不詳如何排列。前考瓦線陀能告日全食，繪弧線瓦線陀能告某種天體運行投影。

F707 底長程度當日 48.8。底寬程度當日 43 日。

窋爟闕口徑程度當日：

深程度當日：

0.4÷0.33＝1.21

1.21×3.0416＝3.68

計得 111 日。此爟闕深程度當日減 K705 深程度當日折算陰曆 28 日，有合朔曆算基礎。推算 F707 口徑程 1 米被 K705 建造者承取，用如 0.9 米。倘使此爟闕壁紅燒土厚度未被計算，其東西底徑程約爲 1 米。

（3）F715 平面圖模擬與星曆

檢 F715 係第二期第 II 段遺跡。位於 T707 第 4 層下。雍於 G700，覆於 F707、K705，長方底、底長程 5.5、寬程 3.9、壁高程 0.1～0.68 米（傾斜）。戶向 300°，戶道長程 1.9、寬程 0.6 米、大柱洞 2，窋爟闕橢圓，口徑程 0.74～0.9、深程 0.45 米，窋爟闕前設泥圈，起出圜底盆 BIII 型 1 件，石斧 AIII 型 1 件。扣圜底盆 BIII 型（《發掘報告》上冊，圖一一二，4，第 142 頁），見盆深故喻天極去人遠。時節在秋冬季。盆口內收，似垂線而顯下小，上大。下小對照上大，北天極大而遠是也。

F715 底長程度當 50.69 日。程超約 21 日。底寬程度當 36 日，程超 6 日。壁高大程度當日 6 個月餘，小數折算 8 日，計得 188 日。戶道長程度當日 17 日。此數不別戶內外長程度當日。寬程度當 6 日欠。爟闕口徑大程度當 8 日。深度當 4 個月餘，小數折算 4 日，計得 124 日。

K705 東西底徑程 0.9 米取自 F715 窋爟闕口徑大程 0.9 米。此乃覆援根底。

第三卷　體爟闕爟火正曆

一、用火成器横穴堪命以體爟闕

（一）窯址研究狀況與疏漏

1. 狄宛、半坡、姜寨瓦窯結構諸疑

1）狄宛窯址研究疏漏

（1）狄宛窯址研究要略

此處言瓦窯出自沿襲，幼時曾聞「瓦窯」，而窯廠燒製器坯不限於某瓦器。如此，「瓦」乃大名，足以概括諸器。

依《發掘報告》，狄宛第二期揭露窯址 14 座。眾遺址多見於山下發掘區中央居住遺跡附近。發掘者未見窯廠。窯室平面模樣爲橢圓或圓狀，窯址結構別爲淺坑、深坑，俱係横穴。

淺窯僅見 2 座，餘者爲深窯。淺窯即火塘、窯室不別，此一穴用如火塘，也用如窯室。底面有二用。瓦器器坯置於穴底。

（2）横穴窯起源不清

涉及狄宛窯址，迄今未見專題檢討。研究者能見述論存於發掘紀實。甘肅省考古研究所研究者已澄清狄宛第二期瓦窯結構特點。學界徧知狄宛第二期瓦窯屬横穴窯。研究者未曾考究横穴瓦窯結構起源。若以現代人辨識用火處而論功能，瓦窯乃用火處，火塘也係用火處。火塘如何改造爲瓦窯，此乃關鍵話題。考古界也未操心此題。

晚近，火塘功能增益檢討之須愈加迫切。2014 年以來，研究者深入緻密探掘、揭露狄宛某探方，發現兩火塘貫通。自彼時迄今，考古界無人操心此題。而最初鑽探、揭露者也未發佈研究結論。涉及火塘向瓦窯演變，存在謎團。

2）半坡窯址研究疏漏

（1）早期窯址舊述

上世紀 50 年代，考古研究所西安半坡工作隊與北京大學考古門教師、學生 18 人第二次發掘半坡遺址，他們揭露房屋遺址、墓葬、窯址〔註 1〕。

《西安半坡》述云：發現窯址 6 座，比較完整者 1 座。窯規模很小。估計每窯每次燒器不多，大者 1～2 件，小者 4～10 件許。6 座窯別四類：早期一類，第 5 號、6 號窯（後名 Y5、Y6）。晚期三類：第 1 號窯係有中柱橫穴窯。第 3、4 號窯係橫穴窯。第 2 號窯係豎穴窯。

《西安半坡》述 Y6：距地面高程 1.8 米。平面像褲襠衩。火膛在褲腰，兩個火道順火膛向兩邊斜開，如褲腿狀。火膛係窪下深坑。兩火道與火膛連，斜向上行。加柴燒火，似由上面向下面點燃。火從火膛順火道向上，上部不見放置粗坯之地，似已破壞，不知原狀。殘留火膛深程 0.42、寬程 0.75 米，兩火道長程 1.19 米。窯門向南，兩火道一向西北，一向北。向北火道存留完整，寬程 0.12 米。窯面塗抹厚約 5 釐米草泥土，窯壁表層呈青藍色，內壁赤色，厚 2～10 釐米。窯內堆積碎石塊，以及多顏色灰燼，另有一件未固燒罐坯。依圖一一五，Y6 窯室斜對窯門窯壁模樣參差。東北窯壁弧線走向，而西北窯壁呈拐角走向。自窯門向北畫線，此線與窯門西邊兩壁成三角，而西邊拐角爲三角之銳角。

Y5 模樣同 Y6，Y5 掘於早期地層，窯壁與四周原生土界限清楚。內容碎陶片、灰土。過火窯壁不甚堅固。窯壁厚約 5 釐米。方向似 Y6，向西北火道近全存。火膛深程約 0.6、長程 1、寬程 0.7 米。火道口端寬程 0.4 米、末端寬程僅 0.1 米許。依《西安半坡》圖版陸貳之 1，Y5 東邊寬而西邊窄。南北向窯壁走向近直，豁口在西。依其 2，Y6 南邊窄而北邊寬。在南——北向之正東邊有直壁，在南北向之西邊見弧壁，向西北延伸。這兩窯址俱係早期窯址。此二窯址一在遺址北（墓葬區），另一座在居址東（《西安半坡》第 156 頁～第 158 頁）。

〔註 1〕《西安半坡遺址第二次發掘的主要收穫》，《考古通訊》1956 年第 2 期。

（2）半坡最早窯址檢討疏漏

發掘者未嘗重視 Y5、Y6 位置。此二遺跡遠去其它稍遲窯址。依此書圖一四二，Y6 似乎在墓葬區東部偏北，堪耦 M88。M88 墓主顱骨在西。設擬其立身而察，猶面向東察此窯。又依此書圖一四四，Y5 在東部。依《西安半坡》表八（A）、（B）「墓葬與隨葬陶器分類登記表」，M88 墓壙無一瓦器。又檢 M81 近 Y6，此壙也無一件瓦器。這兩等遺跡狀況表義有無關聯？《寶雞福臨堡》圖四－1，也見 M21 與 Y12 相匹。此證葬址選擇堪匹配窯址。爲何匹配，此乃問題。

今案，發掘者言 Y6 平面似褲襠衩，火膛在褲腰。自「褲腰」畫線，向兩邊延伸，兩開叉交角幾何？Y6 火膛係深坑。坑深、長寬程各幾何？

Y5 窯室見瓦片，此不足怪。固燒未成，器坯敗壞，敗者不便移去，故見瓦片堆積。但 Y6 室內爲何見罐坯？半坡早期祝巫遺忘此處存器坯，抑或未嘗遺忘，唯欲破敗此構築，不顧所納？造器乃難事，祝巫固不遺忘此處器坯。由此推導，彼等絕不能不顧器坯。罐器於彼等有何大義？

3）姜寨早期窯址研究遺漏

（1）姜寨窯址舊述

早期姜寨窯址存 3 座。一座較完整，兩座殘破。居址西面臨河畔曾有窯址，被上世紀 60 年代初平整土地者破壞。諸窯址所在地層屬姜寨一期。彼時，窯納器少。依 Y1 推斷，每次能燒成大器一、二件，小器四至八件。

Y1 揭露於 T12 內，居住區東溝道外 I 區墓地北，係橫穴窯。窯室已殘。窯門、火道全，火膛局部殘破。窯門西南向（圖四六，第 48 頁）。窯門上部微向東北斜，正視呈拱形。窯底寬程 0.7、高程 0.73 米。窯門內見火膛，上部呈拱形，下部較平，二分之一被後代墓破壞，殘長程 0.9、寬程約 0.66、高程約 0.68 米。火膛後連火道，火道別中火道及環火道。中火道呈斜坡狀，與地面成 35° 夾角，長程 1.83、寬程 0.18、深程 1.35 米，環火道長程 4.26 米。火道周壁存 3～10 釐米厚青灰色燒面。窯室上部全壞，餘兩個對稱半橢圓平臺。南平臺長徑程 0.84、短徑程 0.4 米；北平臺長徑程 0.86、短徑程 0.42 米。兩平臺前高程 1.35、後高程 0.24 米。Y1 全長程 2.4、寬程 0.72～1.08、高程 1.28 米（《姜寨》上冊，第 48 頁～第 49 頁）。

（2）題檢遺漏

涉及 Y1，今存如後疑問：其一，窯門爲何西南向？其二，中火道與地面交角 35°，有何曆義？其三，對稱半圓平臺有無特義？窰室圓狀在後期仍被建造者援用，譬如臨潼零口北牛遺址 Y1 窰室平面呈圓（《陝西臨潼零口北牛遺址發掘簡報》，《考古與文物》2006 年第 3 期，圖五）。窰室何須圓？

若輔畫朱線自中火道向東延伸，得度數若干，此度數有何義？畫對稱半圓平臺徑向直線，延伸而交中火道線，兩線相交度數若干。此交角有何義？

2. 福臨堡、關桃園窰址結構疑問

1）福臨堡早期窰址結構諸疑

（1）早期窰址舊述

依《寶雞福臨堡》（上冊）圖三探方 T4、T5 有 Y3、Y7、Y8、Y10，而窰平面呈圓。T6 有 Y5、Y2、Y4，位置怪異，似大火星模樣。福臨堡遺址第五層見紅褐色土，土質較硬。土層有少量灰燼，係紅燒土。此層土形成時間不晚於仰韶早期。

揭露第一期陶窰 2 座，俱位於 I 區。編碼 Y1、Y4，二者被同期「灰坑」H41 連接，南北相對。Y1 位於 H41 東北角，Y4 位於 H41 西南角。二陶窰結構基本相同，係「進步的」橫穴窰，由窰室、窰箅、火眼、火道、火膛、火口構造。

Y1（圖一四）位於 T7 西北部，存狀近全。火口位於窰室南，方向 205 度。全長 1.8、寬 1 米。開口於第 3 層下，破損第 5 層。火膛底破損生土層。此窰各部一番挖就。窰室、火膛內留存工具痕，其寬程 0.03、長程 0.1 米許。

窰室圓，其上口距今地表 1.4 米，口南北徑程 0.98、東西徑程 0.92、殘高程 0.6 米，有少許弧度。窰底中央係實心土墩，將周邊挖通，以瓦片加草泥將上部隔離，而爲火眼。火眼有 7 個，間距與長程不等，最長者 0.55、最短者 0.15、寬程 0.05～0.2 米，最長者估計非初狀，出自間隔草泥損壞而顯長。

火口橢圓，殘損少許，東西徑程 0.4、南北徑程 0.5 米許。火膛位於火口、窰室間下方，靠火口之南壁垂直，靠窰室之北壁呈斜坡，東西兩壁外鼓。其上部長程 0.95、底部長程 0.5、寬程 1、深程 0.55 米。火道別左右兩股，斜坡狀連接火膛、火眼。窰內向火各部俱被燒成青灰色硬層，此層外有一層紅燒土。窰室、火膛及火道填土含甚多夾砂紅陶罐、盆、尖底瓶等殘片，以及紅燒土。火膛內起出一件完整夾砂紅陶罐。火膛底部有較厚草木灰燼。

Y4（圖一五）位於 T6 東南角，模樣似 Y1，火口位於窯室以北，方向 30°。全長程 1.75、寬程 1.3 米。開口於第 4 層下，距地表 1.5 米，破損第 5 層。火口、火膛、窯室底部掘於生土層，係一番掏挖而成。窯室表面抹一層 0.015 米厚草泥。

窯室圓，直徑程 1.3 米。東壁雍於 H57，窯壁垂直，殘存者最高 0.9 米。底周有條狀火眼 9 個，寬程約 0.06、長程 0.18～0.4 米。火膛最寬處 1.3 米、長程 1.06、深程 0.9 米。火口圓，直徑程 0.5 米。火道似 Y1。

H41（圖一六）位於 I 區 T6、T7 之間，開口於第 4 層下，距地表 1.5 米。南北長程 8.6、東西寬程 5.1 米，東北部較深，深程 0.95 米。西南部較淺，深程 0.6 米。四壁未修。底部有踩踏面。坑內塡土含甚多紅燒土塊、木炭渣、硫渣，也見「尖底瓶」殘片，或罐、缸、甕、彩陶盆殘片。

Y1 火口開於 H41 東北角，Y4 開口於西南角。依平面跡象與所出瓦片相互拼對，H41 應係 Y1、Y4 工作坑（第 14 頁～第 16 頁）。圖便系統檢討，此處不舉原圖，也不給輔畫朱線後圖樣。後檢討時並舉相關圖樣四幅。

（2）窯址位置等疑問

今舉窯址檢討者未檢問題三等，以爲深究開端。第一，福臨堡早期窯址 Y1、Y4 爲何須關聯？第二，爲何須如此關聯？第三，曆闕 H41 北端爲何傾斜，而在南端爲弧狀？

Y1 火膛起出瓦器爲何須是罐器？半坡早期 Y6 窯納罐坯。此二處俱係瓦窯，而且俱係罐器。此二者爲何同類？若察福臨堡遺址 I 區眾探方下窯址，多座瓦窯連曆闕。譬如 Y5、Y2。今問，祝巫爲何關聯曆闕與瓦窯？

2）關桃園仰韶晚期 Y1 結構漏檢要略

（1）發掘者舊述

Y1 位於 T0315 東南部，圖一五〇，開口於第 1 層下，距地表 0.2 米。窯室平面爲圓，方向 360 度。此遺跡由窯室、豁口、火塘、火道構造。窯各部俱係一番挖掘而就。窯底破損生土，上半被改平地表者破壞，窯室底部以下保存近全。長程 2.05、寬程 1.35、殘深程 1.7 米。窯室西環行火道留存清晰工具痕跡。

窯室平面爲圓，南北徑程 1.3、東西徑程 1.35 米。窯底以上殘存 0.15 米高窯壁。窯底係一個平臺。窯壁受火燒烤而堅固，表層大面積燒成青灰色窯汗，向裡也見堅硬紅燒土層。

火道位於窯室底，有三岔，南端俱通火膛。環狀部距窯壁 2 釐米處向下開挖，呈環帶狀，爲東西兩部，上窄下寬，底部呈斜坡，越往窯室後部，火道越淺，兩端斜坡向下通向火膛，上寬程約 0.06、下寬程約 0.10 米。南端進入火膛處最深達 0.8 米，北邊相連處最淺僅 0.1 米。中央火道開在窯底正中，一端與環狀火道頂端相連，另一端斜坡向下通向火膛，與窯底水平成 38° 夾角，長程 1.15 米。進入火膛處最深達 0.8 米。北端與環形火道相連處最淺爲 0.1 米。火道局部被燒成白色結面。

火膛在窯底與火口間斜下方偏南，北壁與火道三個端口相連，呈外弧狀。東西壁微外鼓，南壁與火口相連，壁面垂直，火膛上部拱起，底平整，周壁受火烤形成結面。火膛距窯底高約 0.9 米，東西北端寬程 1.05、南端寬程約 0.4 米，進深 0.6 米。

火門位於窯室南邊，北接火膛，狀圓，直徑程 0.4 米，低於窯室底面，距窯室南端 0.35 米，火口距火膛底部 1.2 米。在火口上方壓有程度 0.5×0.35×0.3 米花崗岩石塊。火門燒成紅色。窯室、火道與火膛填土未見瓦片，火膛底有 5 釐米厚灰燼（《寶雞關桃園》第 221 頁～第 223 頁）。

（2）未檢要題

今舉數題爲檢討旨的。其一，依此《寶雞關桃園》圖一五〇，此窯南北走向。爲何須如此掏挖？向度之擇在乎挖掘者心思，爲何不擇他向？

其二，火膛、窯室平面爲何俱圓？其三，平臺下有斜坡。此斜坡有何功能？若言須斜坡便於通風。今考校而言，平掏挖地槽，扇風入窯室，也能達此旨的。

此遺跡窯室、火道、火膛填土俱無瓦片。而此遺跡多出被燒結，係久用之果。今問，填土不見瓦片。無瓦片起出與此窯結構有無聯繫？

3. 其它窯址晚近研究旨的與虧欠

1）晚近研究旨的二端

（1）檢求古窯技術史價值

迄今，燒窯史檢討者用名皆依中國硅酸鹽學會定名。用類名即「穴式窯」，此名喻「仰韶文化橫、豎窯」〔註 2〕。「穴」字確當，「窯」依秦漢以降定義。今日考古界用名依燒窯技術史命名。

〔註 2〕 中國硅酸鹽學會編：《中國陶瓷史》，文物出版社，1982 年，第 6 頁～第 14 頁。

劉可棟曾介紹某種半倒焰馬蹄形窯，其質地是圓窯，他名之「橫焰」。圓窯係早期升焰窯。劉氏研究古窯，但給圖無方向，無向度感〔註3〕。劉振群提出，古窯別爲升焰窯、半倒焰窯、平焰窯、全倒焰窯〔註4〕。

徐元邦、劉隨盛、梁星彭等根據窯室、火膛位置別橫穴窯、同穴窯與豎穴窯〔註5〕。彼等以爲，陶窯結構須納窯室、火膛、火口、火道、窯箅、火眼等。徐氏定義：窯室即放置器坯穴室。火膛係放置燃料之穴室。火口係燃料投放入口。火道即燃料點燃後，火力送入窯室，加以擴散燃燒之通道。窯箅功在隔離窯室、火膛之土箄子。此說廣爲採用〔註6〕。

河南裴李崗陶窯、山西寧家坡、芮城等地陶窯檢討仍不脫此域界〔註7〕。上世紀末，考古者在陝西城固寶山遺址發掘瓦窯遺址。發掘者述，某窯有窯室、火膛兩部。此遺跡出自挖掘地面，其平面狀似簸箕，深程 40～60 釐米。窯室位於膛上前方，平面呈圓狀，雙層。外層是筒狀圓坑，係向下挖掘地面而得。上部弧狀內收，坑壁平整，此爲窯室外壁。其直徑程 100～110 釐米許，殘存者達 70 釐米。內層 15～25 釐米見方，3 釐米厚陶坯塊壘砌下大上小的筒狀圓圈，對應窯室外壁形狀。其內用於裝窯。內外窯壁間有平面環狀空隙，寬 10～15 釐米，與下後方火膛相通，接收火膛送來火焰。在編碼 5 窯室下部發現一橢圓孔。此孔被視爲出煙孔，那麼由火膛通過環狀火道衝向頂部的火焰，以全倒焰再進入窯室，最後直達底部從煙孔吸出，有「全倒焰窯」特性〔註8〕。

2007 年 8 月，北京大學趙朝波、蔡克勤等人在甘肅省靜寧縣威戎鎮楊家塬發現新石器時代彩陶窯址，窯址煙道呈放射狀。窯址位於塬頭三臺平地上。窯址佔地約 300 畝，屬仰韶文化遺跡。窯址有上百孔。在西南部白灰面居住

〔註 3〕劉可棟：《試論我國古代的饅頭窯》，《中國古陶瓷論文集》文物出版社，1982 年，第 173 頁～第 179 頁。

〔註 4〕劉振群：《窯爐的改進和我國古陶瓷發展的關係》，揭前，第 162 頁～第 164 頁。

〔註 5〕徐元邦等：《我國新石器時代——西周陶窯綜述》，《考古與文物》1982 年第 1 期。

〔註 6〕楊洋：《關於早期陶窯命名的討論》，《中國文物報》2013 年 3 月 29 日，第 6 版。

〔註 7〕宋建忠、薛新民：《寧家坡陶窯引發的思考》《山西省考古學會論文集》(3)，山西古籍出版社，2000 年，第 217 頁～第 218 頁。

〔註 8〕趙叢蒼：《城固寶山發現新石器時代陶窯群》，《中國文物報》2001 年 5 月 23 日第 1 版。

址採集夾砂陶、黑色彩陶、灰陶、白衣陶。陶器有缽、罐、瓶、盆等，紋樣眾多〔註 9〕。此窯廠窯址細節迄今未知。

涉及固燒器坯溫度，曾有人證實，狄宛第二期窯室溫度大抵在 1000℃。有人曾將取自狄宛窯址數塊赤色燒土給某紫砂廠知曉燒窯者查看。此人認定，此等赤土係窯土。依硬度判斷，窯溫當時能達 1000℃〔註 10〕。

（2）檢求古窯分期及多地古窯結構親緣

吉篤學曾檢討渭水流域史前陶窯，嘗試分五期：老官臺文化期、仰韶文化半坡期、仰韶文化廟底溝期、仰韶文化西王村期、龍山時代。分期之名乃考古文化界內名謂。吉氏「分期」憑依瓦窯結構特點。譬如「老官臺文化期」瓦窯結構特點在於，火道火膛幾乎處於同平面。北首嶺有窯址屬此。將窯址起出深腹碗、三足罐視爲老官臺文化模範瓦器。其實係瓦器類型學旁支。福臨堡 Y1 被歸諸仰韶文化廟底溝期。窯結構係「BII 式」橫穴窯。吉氏言：Y1 出土了斂口平底缽、曲腹盆、平底瓶、重唇尖底瓶，以及鐵軌式口沿罐等仰韶文化廟底溝期典型器物。依福臨堡發掘紀實，Y1 未起出諸物〔註 11〕。僅於窯室、火膛及火道填土起出夾砂紅陶罐、盆、尖底瓶等殘片，火膛內起出一件完整夾砂紅陶罐。依此，知吉氏檢討無據。而期別之言又屬考古文化之「宏論」，與此文檢討殊途異向，不須冗言。

高興超檢討大青山以南若干新石器時代窯址，依區域考古文化爲度，將各遺址古窯依橫豎穴，窯室平面或火道模樣別型。譬如，海生不浪文化 6 座橫穴古窯被拆解 A、B 型。A 型納 2 等亞型，B 型唯一等。A 亞型之一乃火道平面少似「川」字，A 亞型之二係火道平面呈環狀。而 B 型窯室平面呈不規則橢圓。阿善、老虎山等考古文化古窯有橫穴，也有豎穴。窯室平面與火道模樣仍係檢考旨的。

高氏「橫向比較與縱向考察」後認定，大青山以南古窯特點非孤有特點，而係中原同時期中原古窯與有特點。福臨堡第二期、山西汾陽杏花第一期，以及河南臨汝北劉莊等地古窯結構與前舉古窯結構不異〔註 12〕。

〔註 9〕 陳寶全：《靜寧境內發現全國規模最大的新石器時代彩陶窯址》，《平涼日報》2007 年 8 月 13 日第 1 版。

〔註 10〕 馮其庸：《關於中國的陶文化、茶文化及其他》《逝川集》，青島出版社，2014 年，第 191 頁～第 192 頁。

〔註 11〕 吉篤學：《渭水流域史前陶窯分期初探》，《中原文物》2008 年第 6 期。

〔註 12〕 高興超：《大青山以南地區新石器時代陶窯研究》，《中國國家博物館館刊》2016 年第 1 期。

2）晚近研究未涉巫事

（1）巫者輕忽

察檢討者跨區域檢討古窯、乃至跨國界對照窯結構細節〔註 13〕，又頻見學人對照多時期古窯結構細節。學人檢論古窯結構，及其技術史特點。此行爲終於檢求古窯某種結構細節「進步」。此檢討途徑要點在於，睹窯而不知燒窯者固燒器坯之外訴求與心思。而且，彼等檢討固燒器坯成器乃今人目視之器，有現代用途諸器，而非遠古造器者以器藝寄託之念頭。造器者係何人，不被檢討者照顧。

既不操心何人掏挖成器之「窯」，終究不照顧此人爲何掘地爲某狀、在何處擇土而挖、挖後配附何等構築。以窯爲心，周遭遺跡與窯之聯繫被輕忽。如此，我檢迄今考古文化研究者檢討古窯之途乃哲學門極端「唯物論」之表徵。此等檢論特點在於《墨經》所講「強」。總之，巫事不被重視，巫事之果局部被重視。巫者於文明史貢獻僅限於造器。

（2）巫事細節不清

舊說既不貴巫事，終不貴巫者心思。不貴巫者心思，故不能見巫者造設固燒器坯之所。巫者心思不被考究，巫者處置地表途徑與處置之果不被重視。而思向之爲心思之精粹也被輕忽。寄託於思向之向程、程度也被輕忽。摹寫思向向程諸物隨之被輕忽。而後，器物與遺跡與寫祝巫心力之外部表徵被輕忽。

既輕忽祝巫思向與向程佈置，古窯起源、古窯朝向、古窯面貌、古窯底貌、古窯切貌之故不被重視。古窯存器之古義不被重視，也係框槅之果。

今見技術史檢討唯限於器藝檢討。而巫事辨識乃巫者文明肇造與進益之途。如此，將循巫事之跡，溯見瓦器虋燒起源。

（二）自狄宛 TK06 體燿事以迄半坡燿祭

1. 狄宛燿事初體

1）晚近揭露體火塘初識

（1）兩火塘以底孔連爲體火塘

依中國考古網播報，2014 年 8 月迄 2015 年 1 月，中國科學院古脊椎動物與人類研究所、甘肅省文物考古研究所等構成聯合工作隊，在狄宛 2006 年試

〔註 13〕郭夢：《多樣的陶器燒製技術——選擇還是進化》，《考古》2016 年第 3 期。

掘區之東發掘 42 平方米，揭露土層 27 層，剖面厚約 10.1 米。依發掘者供給兩火塘圖，名此二者存在「打破關係」。此二火塘位於同層黃土層。黃土層即生土層〔註 14〕。後圖來自此文。

圖一八：狄宛黃土層體爟閾

發掘者講「火塘壁有多層結構」，此言謂告圓桶狀火塘。依圖，它以一近圓孔連通直邊火塘。圖未具方邊火塘全貌，推測此火塘面貌呈方或不規則。二火塘穿孔底面呈小斜坡。二火塘上層土皮在同平面。發掘者未述二火塘朝向、尺寸。目測圓火塘深程當狄宛 1 尺餘，方火塘深程大於 1 尺。方火塘深，而圓桶火塘淺。方火唐底面不平。

圓桶火塘縱剖面可見赤色土燒土，下層上層俱有此色告赤色土均佈周壁。直邊穴土層剖面土色非赤。揭露者未言，圓火塘是否納瓦器或瓦片。火塘連即謂火塘體。祝巫設計開掘前，心思體二者，故此二者關係非如發掘者言「有打破關係」，此二者關係爲「體」，而非雍。圖便檢討，今命此遺跡 TK06。06 告此處 2006 年探掘。T 告探方、K 告爟閾，即考古界俗名竈坑之坑拉丁拼音首字母。

（2）**體火塘即體爟闕**

察 TK06 位於生土層，屬狄宛早期遺跡。其結構細節多於正爟闕，也非似有風道之窟爟闕（詳後）。圓桶狀爟闕與直邊爟闕橫連，此乃橫穴「窯」通火

〔註 14〕儀明潔、張東菊：《甘肅大地灣遺址發掘再獲豐碩成果》，《中國考古網》2015 年 2 月 6 日。

特點。唯此處成器之膛、室不別。而此結構特點恰係早期曆闕改爲成器燿闕之特點。無論怎樣考究此遺跡與燿闕結構親緣，此處所爲不外燿事。

於器藝，直邊燿闕能導風，增加供氧量，便於闕內氧化。此遺跡闊大於圓桶燿闕直徑程。目測此處能容轉身。此直邊燿闕風口能被祝巫用於投火。生火後即刻投火入孔，祝巫扇風於此處，火勢入圓桶燿闕燃燒。如此，圓桶燿闕火溫定然不低。此二遺跡相聯，乃橫向體燿闕之源。狄宛第二期第 I 段 Y200「操作坑」與窯室相聯之念本乎此遺跡建造者。而福臨堡 Y1、Y4 以 H41 而體，此念也來自狄宛 TK06。

2）**孤燿闕燿事變爲體燿闕燿事**

（1）**TK06 告體燿闕之橫體初形於狄宛**

TK06 圓燿闕、方燿闕平面位置不詳。圓燿闕之圓口出自放寫日狀，日狀除了日食恒見爲圓狀，猶如狄宛第一期 H3107 一般。圓口也能告週旋，故日回還之義也被表述。

自素曆闕用如燿闕，正燿闕出現，成器於燿闕。底邊蕭柴固燒器坯仍有，但固燒途徑變革導致瓦器質地改良。此改良於祝巫乃兆驗之象。

平地用火，固可架柴於地，但周圍通風不均，成器質地不勻。而燿事烤器坯於燿闕，器坯位於穴內，吹風不能導致器坯受火差異甚大。近均勻受火，器身各處質地近似等優。

今睹 TK06 體燿闕用火及通風，可斷狄宛第一期瓦器之三足器固燒於此等燿闕，而非孤燿闕。孤燿闕底部不便通風氧化，火溫難高。成器質地不佳。

若在 TK06 一類燿闕底部蕭柴，器坯下即火膛。柴上爲窯室。柴表面爲窯底。窯底通風之便立顯：柴禾燃燒須氧氣足夠。如此，三足與器底完全固燒。在硬柴下放置軟柴，以硬柴架起平底夾砂罐器坯，自副燿闕扇風，器底堪速固燒。罐器孤燒於燿闕，乃狄宛第一期，第二期第 I 段頻見舊事。而蘉燒須恃通風助氧化。TK06 記錄狄宛祝巫造設體燿闕功業。其圓燿闕爲正、方燿闕爲偏爲副，乃後世體燿闕之源。此思向傳播，致狄宛第二期以降渭水流域遍見體燿闕。渭水流域燿事獲得新貌。

（2）**方圓燿闕之體本乎祝巫告熱月天地熱氣通達**

TK06 體燿闕便於燿事，此不須疑。今須釐清方闕圓闕相體之火行向程問題。前援文獻不具 TK06 平面走向。此缺不妨深入考究體燿闕之正燿闕與副燿闕相連之用火及火行方向問題。此題檢討恰係副爟闕之方狀與正爟闕之圓狀相聯之故，此點也係福臨堡體爟闕與方口副爟闕相聯之故。

祝巫用火於地穴固仿效熱季火盛，而火盛之故在星象。南垣諸宿直日告其蒼穹大故。如此，祝巫用火於爟闕不須徒耗燃料，而須告其所見。目睹之物乃南垣爟宿。火盛於天，故正爟闕須圓，而且須並告爟宿，故固燒罐坯。

此外，於地上邑眾，祝巫爟事乃難解之題。彼等不知星象、不能察宿、不解日何以能夏宿於南。但彼等能覺熱月難耐，猶如孵卵一般。此時，祝巫放藋卵狀造器。每見卵狀罐，考古者須警惕，不得以爲此乃凡物，而係祝巫精心設計。

如此，欲告星象須告蒼穹，欲言日宿須告日往返。若須告熱月難捱，須以地上諸象，譬如烏藋熱月孵卵。而且，熱氣能在地蒸騰，故須以地言。人行於地，雙足輪番移動，猶如兩條直線。地於人猶如畫直線之所。熱氣行於地即熱傳導，熱傳導如行直線。言日在地中，熱氣上達，須畫直線摹寫。若體蒼穹之火、地中之火，即須體方圓。於是，方闕、圓闕相聯。總之，告熱氣盛於天，而邑眾覺於地，須連地之方與天之圓。

2. 體爟闕爟事替代爟祭場爟事

1）半坡祝巫爟祭

（1）半坡遺址晚近揭露涉祭祀遺跡

2002～2005 年，半坡博物館考古隊在「小圍溝」東，F41、F42 南開掘 300 平方米。圍繞石柱有陶器坑、紅燒土硬面 1 處、紅燒土塊堆積 3 處、墓 4 座。

石柱直立於地面，橫截面呈橢圓，頂部傾斜，光滑。暴露於地面高程 0.62 米、上部最大直徑程 0.22 米、下部最大直徑程 0.27 米。紅燒土硬面位於石柱北約 3.5 米處、圓面，直徑程 0.75 米、厚僅 1 釐米。3 處見紅燒土塊堆積狀似圓堆積或橢圓堆積，位於石柱西側、北面，直徑程 0.75～1 米、厚程 0.1～0.2 米。

揭露 5 處瓦器坑，俱位於石柱北。第 1 坑係圓坑。口大底小，徑程 0.65 米，深程 0.1 米。坑納 49 件小瓦罐，火候不高，大小不等。口徑程最大者 0.05 米、腹徑程最大者 0.08 米、高程最大者 0.06 米。器有傘狀蓋，如「尖底瓶」尖底。

第 2 坑也係圓坑，較淺，口徑程 0.45～0.5、深程 0.1 米。坑口平面距地表 2.26 米。坑內堆積幾十件小瓦罐。口小腹深，口徑程 0.015 米、高程 0.03 米。器有半圓器蓋。諸器係手捏而成，火候欠佳。

坑 3 納 8 件大瓦罐，6 件擺陳均勻，外廓爲圓。一件上覆殘瓦缽，兩罐上蓋較大殘陶片。6 件瓦罐上放置一件較大夾砂罐底部。

石柱南，有四座葬闕，三座納成人骨殖，方壙。一座納童骨，係圓桶狀葬闕。四座葬闕俱有二層臺，俱納器物。

M1 壙外口東西殘長程 2～2.15、南北寬程 0.9～1.1 米，二層臺高程 0.43、寬程 0.2～0.32 米。內坑東窄西寬。東寬程 0.3～0.5、西寬程 0.6～0.7、東西長程 1.9、深程 0.45 米。葬闕納成人骨架，頭向西，面朝上。隨葬陶缽 1、杯口尖底瓶。葬闕填土堅硬，覆壓骨架。

M2 納三童骨，發掘者言「二次葬」，葬闕納大小陶缽個 1 件，杯口尖底瓶 1 件、罐 2 件。葬闕外口直徑程 1.3 米、二層臺存高程 0.2 米、寬程 0.2～0.4 米；內徑程 0.9～1.5、深程 0.2 米。其餘兩座葬闕如何，不清。

（2）何氏舊說

何氏以爲，此地屬於祭祀遺跡。此處位於 F1 東北 10 餘米處。此處無居住遺跡，但揭露出路土，推測係廣場局部。F1 係已揭露早期同類遺跡最大一座，位於聚落中央。二者相近，便於居者往來。兩坑內瓦器小而火候低，質地不佳，非日用器，是宗教活動用特殊器。

成人葬闕位於居住區中央，葬闕有二層臺，而且納瓦器。表明「該墓規格較高，墓主人身份特殊」，「也可能有其它特別意義」。

發掘者之一何周德以爲：此處祭天地爲主。石柱本身立於地、上通天。當時人類對於自然現象、災害、疾病等無法解釋情況下，通過石柱祭天來尋求精神安慰。人類生活資料匱乏，通過在地下埋藏一組陶器，祈求農業、漁獵等豐收，以滿足人們日常生活需要〔註 15〕。

2）從半坡星曆爟事到採取橫體爟闕爟事

（1）半坡爟祭訓

何氏命此處祭祀遺址，此斷確當。唯何氏未詳細節。我察墓葬埋骨殖來自祭司、童骨殖來自祭司選擇，擇童有何依據，暫不清。M1 骨殖之顱骨在西，

〔註 15〕何周德：《2002～2005 年半坡遺址考古新發現》，《史前研究》2006 年。

故面東。面東者，察日射赤道是也。謀求春分日數，故目視東方。此處又係黃經 0°。檢石柱周圍紅燒土堆積 3 處告 3 番爟祭。爟祭用火。

坑 1 擺放諸罐外廓如大卵狀，放寫大熱。而諸罐以火盛燒烤而得，故寓意大熱。各小罐如雚卵。此等小罐本係卵罐。其數 49 告祭司占算。占數之術即「十有八變而成卦」，此術涉合朔曆算，係狄宛蚌殼合朔曆算變更。涉祝巫以蚌殼占算，前著已述，唯不涉卦畫。卦畫事將在後著顯揚。

坑 3 有 6 件瓦器平擺放，外廓呈圓。一件罐上覆殘瓦缽。覆者，蓋也。瓦缽乃圓口器，頻見瓦缽乃圜底器。圜底瓦缽覆罐，此告缽大而罐小。以罐古音通爟宿之爟，則爟宿堪爲日宿處，但蒼穹浩大，故缽覆罐。此外，察宿祝巫戴蒼穹，此亦係覆。而察宿者位於地面。其 2 件瓦罐蓋較大殘陶片。蓋殘陶片即夾砂器平底。平則告節氣平，曆算無誤或曆日之算無誤。

石柱地上高程須爲 0.66 米，何氏言 0.62 米未盡舊高程。此數係狄宛曆算用高程之效，其度 2 尺，度當 182.5 日。此日數等於前番秋分迄今番春分回歸年日數。高於地面告歲時自往而來，往不睹而今能察往今起訖，而此乃史學精粹。石柱橫截面橢圓，此狀告日數本乎日軌道面上下變動。日軌道面乃橢圓狀。於彼時，非祝巫孰能知此？

諸遺跡位於石柱北，故在石柱爲曆象。石柱高出地面。其高程告前番秋分迄今番春分。春分之後，日軌道面抬昇而北上。及盛夏，熱自北來。故須在其北用火爟祭。而爟宿屬南垣，盛夏察宿者能睹。

石柱北紅燒土出自平地爟祭燒器坯致土色變紅。爟祭者放雚卵造器坯，手捏即可。器坯擺放柴禾上，外加草泥皮。柴禾均勻放置於地面，外廓爲圓。此狀出自罐坯平而逐圈擺放，其外廓爲圓。圓者放寫烏丸，即熱月回還。謀求熱月回還，此乃祝禱。

紅燒土三處，堆積呈橢圓或圓面，故在爟祭時器物擺放參差，但外廓近圓。坑 1 納器平擺，而徑程爲 0.65 米，推測塙數爲 0.66 米，當 6 日。用 6 本乎 6 個月寒暑逆轉，6 日乃璇璣歲每月 30 日 $\frac{1}{2}$。石柱北紅燒土係圓面，與坑 1 底面同狀，爟祭用火時，坯擺放平面爲圓，徑程 0.75 米，大於坑 1 徑程約 0.1 米。此徑程差本乎爟事時燒器前器坯間夾軟柴，器坯外壁塗抹草泥皮。後者即「豕負塗」仿效。焚燒柴禾後留存底面爲圓，徑程大於坑 1 徑程。

平地爟事能蘉造罐器，爟事使然。它器派生。諸器以卵罐爲首。而爟事致日用器也有卵罐模樣蹤跡。半坡遺址起出罐器，似前仰韶時期卵罐者不多。

《西安半坡》圖九八第 14（XIII13a 型）、16（標本 XIII13c 型）。諸器樣貌去師趙村卵罐模樣有間，但二等器樣貌親緣不得輕忽。其證據不獨在於半坡甕外貌殘存卵狀，如圖一〇七，4，XVII6b 甕，而且在於某種盛菜籽之卵罐。此物被命爲「儲藏罐」，狀似卵半。平底壓地爲罐，側置即旋轉如卵。此物乃卵罐孑遺，標本 P4753（圖一〇〇，1）可證。此物被命爲「桃形罐」。檢此名爲謬，此謬出自不究罐源自爟事。此罐盛菜籽係種籽，罐縫隙口在上，空氣不便進入，空氣寡則不易腐敗。種籽、雚卵，俱係下一代之源。如此，卵罐納種籽，係類用。不甚講究之存種籽小罐存於曆闕東壁小龕，曆闕 H2 東壁小龕容 2 小罐爲證（圖一〇一）。東方乃日照黃經 0° 之所，直春分。此時乃下種之時。此期間，烏雚已還歸舊地。

（2）半坡祝巫曆象爟祭早於體爟闕爟事

半坡遺址爟祭乃平地爟事。當此時，狄宛體爟闕已徧傳渭水流域，甚或更遠地區。半坡遺址早期有 Y5、Y6。今問，早期爟祭於石柱北與 Y5、Y6 有何時段關係？

Y5 或 Y6 與俱被使用。若問此二遺跡挖掘遲早，即涉石柱北爟祭遲早。我推測石柱北爟事早於 Y5 或 Y6。此斷之故在於，Y6 上面距「現在」地面 1.8 米。依石柱與埋罐坑屬同時期，坑 2 口上面距離地面 2.26 米。此處距現在地面深於 Y6。如此，可斷石柱星曆爟事係半坡祝巫初來半坡事大事。稍遲啓用體爟闕爟事。初用體爟闕即 Y6、Y5。後追加修造體爟闕。依此關聯溯跡，今知半坡祝巫爟事兼具二義：第一，追念狄宛祝巫舊事，顯揚其星曆肇造功業。第二，給體爟事開端。體爟事即於體爟闕爟事。

體爟事之源即狄宛 TK06 體爟闕。而半坡遺址爟闕正副相體初爲橫體。此體式出自襲模狄宛 TK06，此乃「橫穴窯」之本。

此外，半坡石柱曆象爟祭大約係前仰韶時期狄宛、白家村、關桃園爟事孑遺。彼時，爟事於地表，或爟事於圓曆闕。瘞埋爟事之果——瓦罐於曆闕，此乃祝巫占數或校驗曆算之途。無論平地爟事，抑或圓闕爟事，俱本乎烏雚喜好。此乃不疑舊事。半坡石柱北坑 1、2 納器俱係爟祭蔓燒純爟祭之器，非日用器。燒器者知曉，彼時能固燒日用器，但猶造純爟祭之器，此告純爟祭產生。先是，爟事、爟祭融於一事。而今往後，係二事。其他遺址若見此類劣質罐器，而且眾罐埋於一地，須斷爟祭。此外，半坡祝巫爟祭係曆象爟事，非唯一爟宿爟事。

半坡遺址石柱北星曆爟事與 Y5、Y6 時間差佐證，體爟闕之橫體輾轉傳播，半坡早期人得此術不易。

（三）體爟闕訓釋基礎

1. 狄宛第二期體爟闕結構略要

1）狄宛體爟闕成於第二期第 I 段

（1）第 I 段體爟闕要覽

第二期第 I 段體爟闕唯有一座，即 Y200，位於探方 205 第 4 層下，覆 F201，窯口方向 317° ，位於西北。火塘長程 0.6、寬程 0.48、深程 0.16 米，平面狀似橢圓。窯室長程 2.16、寬程 0.84～1.12、深程 0.16～0.4 米，平面呈橢圓。起出深腹罐 BII 型 1 件、圜底盆 CII 型殘片 1、陶環 AI 型 1 件等。此遺跡有二部：火塘、窯室。此二部並見於一遺跡，此告狄宛體爟闕成於第二期第 I 段。Y200 係此階段體爟闕模範。

如此結構在第 II 段沿襲，譬如體爟闕 Y211 既有火塘又有窯室。第 II 段其餘體爟闕或有窯室，或有火塘。體爟闕 Y1，殘，窯室橢圓，長程 1.4、寬程 0.8、深程 0.06 米，無火道，無火塘，無出土物。體爟闕 Y210，殘，有窯室，無火塘，窯口朝向 295° ，窯室橢圓，長程 1.6、寬程 1.2、深程 0.5 米，無火道，無出土物。體爟闕 Y303，殘，有火塘，無窯室。火塘長程 0.9、寬程 0.7、深程 0.85 米。第 III 段體爟闕多無火塘。而 Y100 有火塘，無窯室（《發掘報告》（下冊）附表八）。

（2）窯口佐證體爟闕爲自在遺跡

狄宛第二期體爟闕火塘、窯室二部已穩固。祝巫似乎滿足於一爟闕而二用。顧前舉體爟闕，知狄宛第二期體爟闕建造之念萌發在早，放此念造此體爟闕在遲。自祝巫以孤爟闕爲爟迄在此地固燒瓦器，連爟闕爟事，未知耗費年數。而建造結構細緻之體爟闕爲其終境。

體爟闕自爟闕離析，爟事變樣。祝巫不再獨恃孤爟闕爲事，而能連二部爟事。造器爲罐，能驗證其南垣查看與爲曆。即使其滿足於窯室爟事，仍能爲器若干。今日查看此遺跡構造，似顯便易。若照顧體爟闕幾乎盡有窯口，考者須謹慎評判。窯口方位角各異，此告諸遺跡設計出自迥異思向。而窯口方位角蘊藏日照線。祝巫已用所知日照線指導建造此等遺跡。

孤燿闕無此結構細部，而窟燿闕雖有風道，有藏火種洞，但窟燿闕屬營窟，非孤在遺跡。而體燿闕係孤在遺跡。如此，窯口乃體燿闕結構自在之關鍵佐證。

2）體燿闕以燿火闕與備火闕構造

（1）成器直焰橫穴結構要覽

狄宛第二期揭露體燿闕 14 座。諸遺跡多見於山下發掘區中央營窟遺跡附近。發掘者未見窯廠。窯室平面狀爲橢圓或圓。結構別爲淺坑、深坑，俱係橫穴。

淺穴「窯」僅 2 座，餘者爲深穴。淺窯即火塘、窯室不別，此一穴用如火塘，也用如窯室。其底爲火塘、窯床底面。瓦器器坯置於穴底。是否唯在一端燒火，須察看而定。譬如 Y100 有窯室，生火或置火處不詳。但 Y200 一端有某種「操作區」。

深穴「窯」平面多呈橢圓，圓者僅 1 座。穴較深，底部有箅孔。同一穴爲火塘、也爲窯室，此乃「窯」初狀。唯狄宛祝巫已造設置器坯之床。床下見通風火道、火眼，上有箅孔，火候均勻不爲難事。如此辨識未能溯跡祝巫設計、開掘此等營築舊義，此乃難題。我恐彼時無「操作」之念，而且星象與用火關聯緻密。倘使不求舊義於細節，將湮沒祝巫苦心。

欲決諸疑，須先釐清邊界。狄宛第二期直（昇）焰橫穴成器諸闕不堪依後世標準類別。後世瓦窯堪依用途別素燒窯、本燒窯、燒坯窯、燒釉窯、燒彩窯。狄宛第二期成器諸遺跡不堪如此類別：於一處固燒，即使器坯施彩仍於同地固燒。第二期用火祝巫尚未判別火焰之間或直之用參差，仰仗直焰。故不可依火焰接觸而別直焰窯、間焰窯（烙窯）、半間焰窯〔註 16〕。其實，諸用火成器橫穴俱係體燿闕。於此處，狄宛祝巫以直焰固燒器坯。

（2）用火成器地穴有燿火備火二部

無論怎樣辨識用火固燒器坯之穴室，檢討者不得躲避此事本係燿事。而燿事之所別二處：燿火闕、備火闕。備火闕係燿事闕，係曆闕。二者各係曆闕之一。發掘者言操作區指告備火闕或燿事闕。燿事在闕，非在平地。而燿闕燿事者不須立於曆闕。如此，體燿闕結構堪別於燿闕。

〔註 16〕 葉麟趾：《陶瓷燒窯法》，輕工業出版社，1957 年，第 5 頁～第 8 頁。

窯室似堪命以爐室。顧狄宛祝巫用名從舊，今取爟火室替代窯室。於火塘、爟火室俱全體爟闕，辨識其走向乃體爟闕曆義檢討樞紐。覓得其走向關聯中央算孔位置曆義乃訓釋爟火室曆義根基。

2. 訓釋之途

1）從孤爟闕爲訓

（1）二爟闕別訓

體爟闕本乎爟闕，爟闕用於爟事。如此，須依爟闕模樣爲訓。不論爟火闕、備火闕位置既定或更改，俱須顧其諸程度而行度當日曆算。而且，須先訓其一，後訓釋其餘。有此二者曆算，後可對照二者曆日數，以便深入檢討日數曆義。而且，涉曆算細節具備，不致遺漏參數。

爟火闕與備火闕樣貌若非圓即係橢圓，如狄宛第二期眾孤爟闕模樣。此狀背後隱藏祝巫天球、星象、日照認知。但求索體爟闕星象義絕非易事。察體爟闕模樣者僅能獲得結構特點，不能獲得星象指告。此題將在後述。

（2）依向度見火眼中央

題見「向度」謂訓者須見某向度，摹寫而顯之。如此，能溯跡祝巫設計體爟闕初思向。摹寫誤與不誤之度在於，凡見輔畫線過爟闕火眼中央，即告摹寫成功。若不過火眼中央，向度之覓失敗。曆訓之果不可信。

此線又與子午線、緯線（地赤道）相交。交角某度係關鍵參數。發掘紀實俱「窯址方位角」係遺跡走向與子午線交角，起算度數即0°經線。但此線不便於求算體爟闕寫記時節，也不便於求知祝巫時節與星象關聯。過中央火眼之線段係日照線，此線交黃經度數乃待求參數。藉由此參數，可算得時節。如此，體爟闕諸部曆日數有某種憑依。

2）曆體與曆援

（1）曆體

曆比者，體爟闕設計者曆算之密也。不獨體爟闕諸程度曆算含此題，營窟曆算也含此題。但曆比內涵參差。營窟諸爲曆構築多，而體爟闕爲曆構築寡。儘管如此，曆檢者須檢算爟火闕與備火闕諸程度曆義。謀此，須先行度當日曆算。此舉致曆日細節盡顯。諸得數將爲曆日對照旨的。

二處曆算將凸顯各自曆義，也凸顯曆算關聯。由此關聯，檢討者或能推得祝巫爲體爟闕初心。畢竟，溯跡非按圖索驥，而係臨事見義，而非自設曆義。

（2）曆援

曆比限於體爟闕細部曆算之密，不涉曆援。於大遺址祝巫同輩或嗣輩，援曆而爲曆乃日每大事。曆算肇造既畢，後嗣承襲而光大之。承襲須基於採取。採納限於局部，而取自不限於局部，可盡取某向程度數。無論採、取，後嗣採取可同向程採取，也可改向程採取。於檢討者，此等採取即係曆援。

如前檢曆闕曆援，後嗣曆援基於當時曆日旨的，以及舊遺跡堪否承用。依舊記錄，可承用，故擇而用之。或覆而用，或雍而用舊遺跡。於遺跡檢討，下者早而上者遲。同層遺跡見一遺跡雍他遺跡，異層見上遺跡覆下遺跡。無論雍、覆，後遺跡建造者曆援前遺跡程度曆義，此乃恒見狀況。

3）畫建平面協所系顯火線與火面

（1）協所系

協所系乃若干物所位置關係辨識基礎。舊名坐標系。我見坐標系三字平面、乃至黃道及天球物所難一度而論，故代之以協所系。詳術語考釋。畫協所系前，須照顧火口方向線。此乃協所系建立基礎。

以協所系釐清結構細部位置關係，後能辨識結構細部構造與關聯。物所與度數得以彰顯。祝巫造體爟闕本義得以表達。溯跡體爟闕曆義有成。

（2）火線與火面狀曆義

近代窯爐檢討者以實驗測試器坯受火得熱盛弱，又能模擬器坯受熱環境。狄宛祝巫無此便利。依協所系能見火行之向，火所低而高之變動。於祝巫，火室盛火有特別曆義。否則，不須建造體爟闕，爟闕足矣。而協所系乃辨識黃道日所之向程系。捨棄向程系，平面、球面物動之認知毫無根據。而摹記者不能溯跡曾睹，受教者莫名其妙。

火線與火面涉及二題：火行邊線何在、火入爐室爲方面、圓面。迄今見爐室底面圓或多圓而連。若見孤圓，其所曆義須考。若見眾圓，火圓面次第、曆義俱須考究。於祝巫，後世瓦特、牛頓以來檢討熱功，非頭等話題。不得混淆祝巫圖謀與瓦特圖謀。總之，曆義檢討乃星曆學話題，非物理學熱力與熱功話題。

二、狄宛圖示體爟闕通釋

（一）體爟闕曆釋

1. 體爟闕 Y200 曆釋

1）舊述與模樣曆義初識

（1）舊述

Y200 係「淺坑」類體爟闕，位於第 III 發掘區西南 T205 東邊第 4 層下，「打破」F201 戶道。方向角 317°。有「窯坑」、操作坑。「窯坑」有火塘、窯室二部。窯室、火塘低於底面，連而呈橢圓。操作坑位於西北，近橢圓狀，底平坦。操作坑東西長程 0.6、南北寬程 0.48、深程 0.4 米。坑南有小斜坡通達火塘、窯室，臺面高出操作坑底 0.12 米，北邊寬程 0.6、南邊寬程 0.44 米。坑南北長程 2.1、東西寬程 1.12～0.84、深程 0.16 米。窯坑偏北有小土牆，隔開窯室、火塘。土牆以草泥堆成，長程 0.6、寬程 0.24、殘高程 0.2 米。土牆兩端各留（長）0.3 米缺口，通窯室，爲兩條火道。窯底夯實，已被火燒成褐紅色硬面（《發掘報告》圖九一）。清理者在緊靠小土牆處見 1 件可復原夾砂紅陶罐。填土有少量瓦片殘骨錐等。

（2）曆義初識

臺面高出操作坑 0.12 米謂臺面淨高程爲：

0.4－0.12＝0.28

此構築西北低、東南高。生火者在西北，東南行過小斜坡而近火塘。火塘火自土牆左右兩端入爐室。人覺祝巫自低處送火入爐室，火有自低昇高之象。西北方生火、東南方用火。

檢祝巫不須在火塘造弧立面土牆。今造此牆，須有獨義。在土牆東南爐室部緊靠土牆見夾砂罐。此物恰位於軸線上。此軸線合草泥土牆西北——東南向中線。三處見弧線：操作坑西北邊爲弧邊。火塘、爟火室俱圍於橢圓線。草泥土牆在西北向平面爲弧狀。夾砂罐位置指告某種曆義。

2）曆義與曆體

（1）輔畫朱線

以日所黃經言即 AA'方向角 317°，此度數謂日所黃經 313°。畫朱線連 AA'，過火膛、爐室。畫朱線 NS 爲子午線。以夾砂紅陶罐中央爲原點，畫 NS

線垂線 WO 當緯線，東端爲黃經 0°，西端爲 180°。如此得協所系。W 線切草泥土牆弧邊。草泥土牆西北弧狀，故畫橢圓，納紅陶鉢、草泥土牆。長軸走向東北——西南。

依窯室周邊模樣畫橢圓，長軸走向西北——東南。再從火膛西南邊線畫延長線 B，伸象協所系橫軸，此線交黃道線度數若干。後畫 C 線，伸象草泥土牆，此線平行於 AA'。又檢火塘西北線爲弧線，依此線畫橢圓，其長軸走向同協所系原點西北橢圓。檢此二橢圓面，見草泥土臺旁橢圓小，而火塘橢圓大。由此知曉，原點西北橢圓乃近軌，而 BC 旁橢圓係深軌。二者不在同平面。中央橢圓面小，故在中央橢圓面遠去祝巫。協所系上西北——東南線長程比顯著：原點西北稍長，東南短。在大橢圓部，夾砂罐東南面較大。

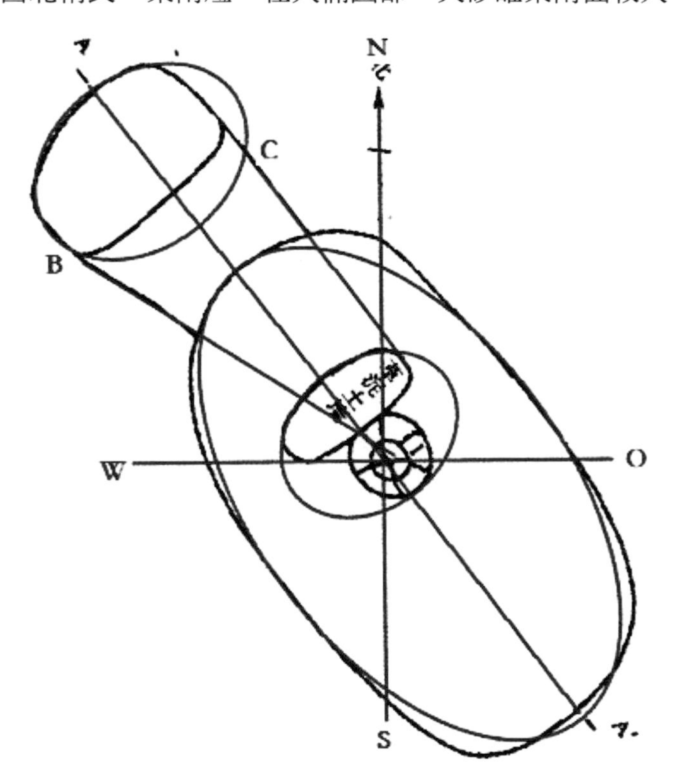

圖一九：體爟闕 Y200 爟事正孟春

（2）**曆義參數**

方向角 317° 合日所黃經 313°，時大寒後約兩星期，立春前 2 日。依此得知，祝巫爟事以誘烏藋事在此已變，今祝巫正時節，在孟春前行火正春。如此，三橢圓曆義清白：日今在遠處，軌道大而遠，故長軸西北——東南走向。其內小橢圓告日在大橢圓深處，此點爲黃道南極以上。而日在此處能轉變爲日上行而橢圓軌道長軸邊爲東北——西南。西北橢圓長軸告日夏至時，日近人。而且日落所在彼處。立春、春分、夏至三節氣被關聯。

B 線告日所黃經 147° 有二義：夏季日落線，即日所。時在處暑前 3 日。向東南延伸 B 線，即謂日所黃經 327° ，時在雨水前 3 日。此處取後者。淺坑結構之源隨之清白：非祝巫不能深掘爟事闕，彼等欲依述日行與黃道關係而掘深如此。

（3）曆日

爟事坑曆日有三參數。其東西長程度當日：

0.6÷0.33＝1.81

1.81×3.0416＝5.5

南北寬程度當日：

0.48÷0.33＝1.45

1.45×3.0416＝4.4

深程度當日：

0.4÷0.33＝1.21

1.21×3.0416＝3.68

計得 110.6 日。

爟事坑南有小斜坡。其曆日參數如後。

臺面高程度當日：

0.4＋0.12＝0.52

0.52÷0.33＝1.57

1.57×3.0416＝4.79

計得 143.78 日。

自立春算迄夏至，得日數 135，加墊算 2 日，得 137 日。跨春分，見回歸年，補 2.5 日，得 140 日。日數寡 4 日。此 4 日計入夏至後，或立春前 6 日。

小斜坡北邊寬程度 0.6 米度當 5.5 日，如前。南邊寬程度當日：

0.44÷0.33＝1.33

1.33×3.0416＝4

爟火室坑南北長程度當日：

2.1÷0.33＝6.36

6.36×3.0416＝19.3

東西寬程閾度當日：

1.12÷0.33＝3.39

3.39×3.0416＝10.3

0.84÷0.33＝2.54

2.54×3.0416＝7.7

深程度當日：

0.16÷0.33＝0.48

0.48×3.0416＝1.4

計得 44.2 日。

爟火室坑部偏北小土牆長程 0.6 米度當 5.5 日。寬程度當日：

0.24÷0.33＝0.72

0.72×3.0416＝2.2

殘高程度當日：

0.2÷0.33＝0.6

0.6×3.0416＝1.84

計得 55.3 日。

2. 體爟闕 Y210 曆釋

1）舊述與模樣曆義初識

（1）舊述

Y210 係「深坑」式瓦器固燒地穴之一。位於第 III 發掘區西 T208 第 4 層下，「窯室」偏西，方向 295°。平面呈橢圓，上部已殘。坑內半爲火塘、半爲窯室。窯坑東西徑程 1.6、南北徑程 1.2、深程 0.5 米。窯室位於西端，東邊稍殘，橫與窯寬同，縱殘寬 0.85 米，表面呈灰褐色硬面，有 6 個近橢圓狀火眼，下有火道連通（《發掘報告》圖九二）。火塘、火道已燒成紅色。窯室內塡土淺灰色，鬆軟，含瓦片不多，來自素面缽、寬帶紋缽、魚紋卷沿盆、夾砂侈口罐等。

（2）曆義初識

爟火室瓦片來自前爟事成器。依此得知，體爟闕 Y210 曆義關聯前番曆爲。檢此體爟闕外廓似橢圓。此狀有何曆義，值得檢討。發掘者言窯室即爟火室。此部在佔西部未盡。發掘者言爟火室有 6 個近橢圓狀火眼。為何火眼有如此模樣，耐人探求。察此 6 火眼如纖維鏡像某種細胞連而有別狀。圓泡狀如何聯繫，係一問題。

發掘者述此體爟闕方向 295°，測 293°或 294°。此度數若堪折算日所黃經，得 156°。但此處設擬存一問題：以 AA'線為日所黃經，或日行赤道，此乃問題。欲解此難，須見圖樣何處為黃道日所，何處為日行蒼穹之天赤道。

圖樣北有爟火室北邊線，此線直而及外廓邊。其南似有對偶線。南線雖直，似為左半圓切線。

2）曆義與曆體

（1）輔畫朱線

畫 AA'連線，過黃經 340°，畫 NS 線，後畫 NS 垂直線 WO，為黃道線，得地平協所系，原點位於中央小橢圓。檢南弧線內直線堪畫延長線，故畫線 B。此線與 S 端延長線交於南偏東遠方。在北邊覓得近似對耦點，畫延伸線 C。

又檢此體爟闕外廓橢圓，而且爟火室有嵌套圓或橢圓。每圓位置與曆義異於它圓，無一橢圓為它圓擠壓之狀。圓或橢圓能告日行軌道，也能告黃道圈。故繪諸橢圓、圓圖。而爟火室南半圓堪還原圓圈。視其面小大，堪比正北橢圓面。此二者南北向匹配，堪被南北調換。

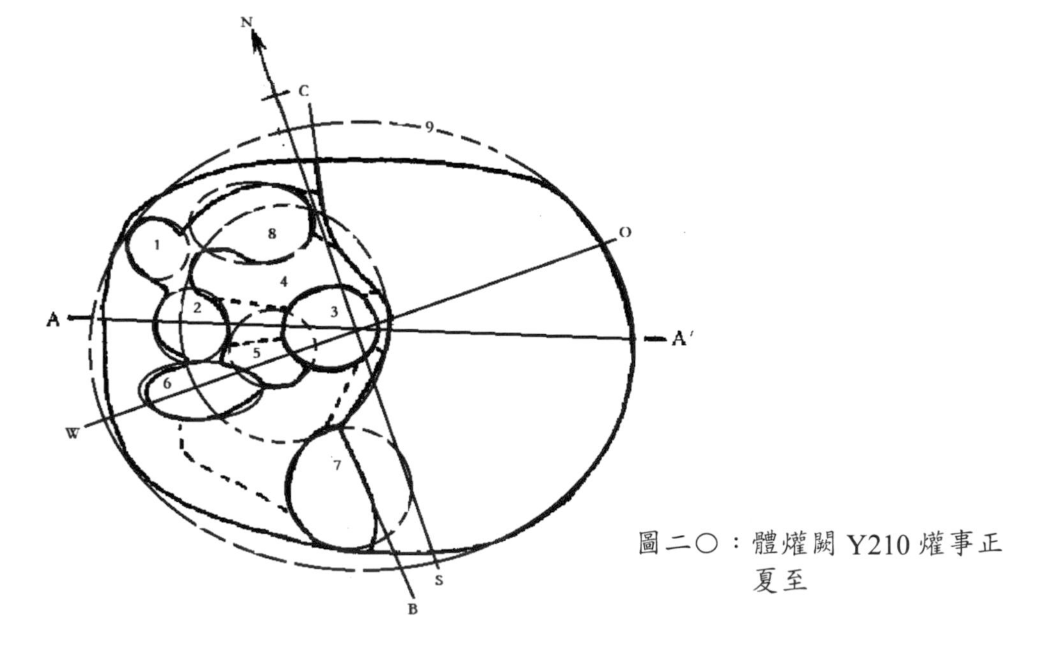

圖二〇：體爟闕 Y210 爟事正夏至

依遠近次第，畫圓或橢圓，計 9 處。最大橢圓非黃道圈，而係天球。日行過天球。側置圜底缽於圜底坑，給圜底缽面繪圖若干，以爲側視圓面、橢圓面，能得類似圖於半球面。爟火室西北圓爲第 1 圓。此圓看似最遠，告日所去人遠。後軌變向下，爲橢圓 2。而圓之源係其右較大橢圓。循左旋，圓 2 在 AA'線上遷移而爲圓 3。此軌變告日所去人近。其最近處即近祝巫處。或盛面最大。此所變遷，日軌變下沉爲圓 5。圓 2 告日所近軸線。而圓 3 告日在軸線上。南行遠去，故圓 5 所變爲圓 6。後沿軌線下行而爲圓 7，但此被祝巫截去，以告火不得盛。日南行過冬至點而變。間隔若干時段，日過春分後爲圓 8。線 AA'告日夏至。此線告日所黃經 156°，折算日落於黃經 180°以北 24°，此乃日所赤經度，合日夏至。最大橢圓爲 9。此橢圓爲天球外廓。

（2）參數與曆日

檢 B 爲日行天球投影，告日所黃經 275°，小寒前 10 日。此告體爟闕 Y210 述時間斷起點在冬至後 5 日。夜察星象，春分後若干日，察日行天球投影，見日在 C，此點告日所黃經 77°，時在夏至前 13 日，芒種後 2 日。今得諸參數，今知 AA 線曆義在於，記述日行北回歸線之日，當日昏時西落點約在正西以北 23.5°。

爟火坑東西徑程度當日：

1.6÷0.33＝4.84

4.84×3.0416＝14.7

南北徑程度當日：

1.2÷0.33＝3.63

3.63×3.0416＝11

深程度當日：

0.5÷0.33＝1.51

1.51×3.0416＝4.6

計得 138 日。自夏至迄冬至，減 138 日，得 42 日。推測此日數乃夏至後、秋分前 1 個月又 12 日。

3. 體爟闕 Y204 曆釋

1）舊述與模樣曆義初識

（1）舊述

依《發掘報告》（下冊）附表八，Y204 殘，窯口朝向 98°，窯室圓，長程 0.66、寬程 0.6、深程 0.84 米，無火道，出土殘瓦杯一件。此體燿闕係發掘者言「深坑」式瓦器固燒窯址。

發掘者述，Y204 位於第 III 發掘區西 T203 北邊第 3 層下。火塘在東，窯室在西，平面各顯圓狀，方向 98°。口小底大呈袋狀。火塘獨設在窯室東部，通達窯室。發掘者見此構造有「明顯的進步」。窯室周壁圓弧，頂部內收，窯室上口徑程 0.6～0.66 米、（上口徑）高程 0.2、殘高程 0.84 米，（底）徑程 1.2 米。窯床平整，表面塗抹草筋泥。窯床當間開一圓火眼。火眼間以火道連通，此窯床係箅孔窯床。

火塘近圓，設於窯室東部，上殘，東西徑程 1、南北徑程 0.96、低於窯床 0.36 米。底部平坦，東部下端開一斜向通風孔，孔高程 0.12、寬程 0.4、長程 0.46 米。火塘、窯室俱燒成褐紅色（《發掘報告》圖九三）。窯室填土深灰色，含陶片不多，陶片來自寬帶紋缽、魚紋卷沿盆、夾砂雙唇罐等。

（2）曆義初識

案發掘者言火塘係燿火闕，窯室係燿火室。燿火闕底、壁燒成褐紅色，此告此體燿闕燿事歷久，成器若干。依此推測，第二期若干瓦器出自此體燿闕。

檢舊圖，自東而係，見虛線兩條南北並排，自東而西。此二線述通風道。自此以西，今不顧發掘者述此體燿闕剖面模樣，見中部以西，多見圓狀或近圓狀。而且圓別小大。至小圓位於西部大院中央以南，大圓有套中等圓。此處似見圓偏心在南。

初視又見虛線若干。每兩虛線爲耦。虛線自中央向外發散而去。總計 4 處。而其所及處又見虛弧線若干。北檢橢圓殘半狀。左見連接，向西轉見旋餅狀，在 AA'線南變樣。再向南變爲塊狀側視圖。在西部橢圓右下，即東南方向，見長、短虛線，短線搭界長線。向北又見虛線。諸部外廓似爲規線變樣。

2）曆義與曆體

（1）輔畫朱線

畫 AA'連線，在爐膛內小圓覓得此線交 NS 點。畫其垂線，得 WO 當黃道 180°～0° 線，使交點位於 AA'線上。交點爲係協所系原點。又檢 AA'方向角 100°，非發掘者述 98°。在 AA'線東南，270° 黃經之東，覓線段畫 B 線，見其交黃經度數若干。右旋而見線段，畫 C 線，此線伸及圓 4。此線近 AA'

局部，交黃經若干度。在協所系原點之東見向北直線起點，畫線段 D。左旋過 90° 黃經，得直線，畫 E 線段。再左旋，見直線畫 F 線段，平行於黃經 180° 線。此線南，見虛線，交黃經若干度，此處未畫線。後見虛線畫直線 G，交黃經若干度。過黃經 270° ，見斜虛線在 B 線北，畫 H 線過黃經若干度。此外，見平面圖有一圓、三橢圓。自東而西，火塘外廓爲橢圓，次第 1。循 AA' 線西北行，見更大橢圓，次第 2。在其內見橢圓，次第 3。核心圓次第 4。此體權闕東雍援遺跡邊線爲畫線，摹寫一部。

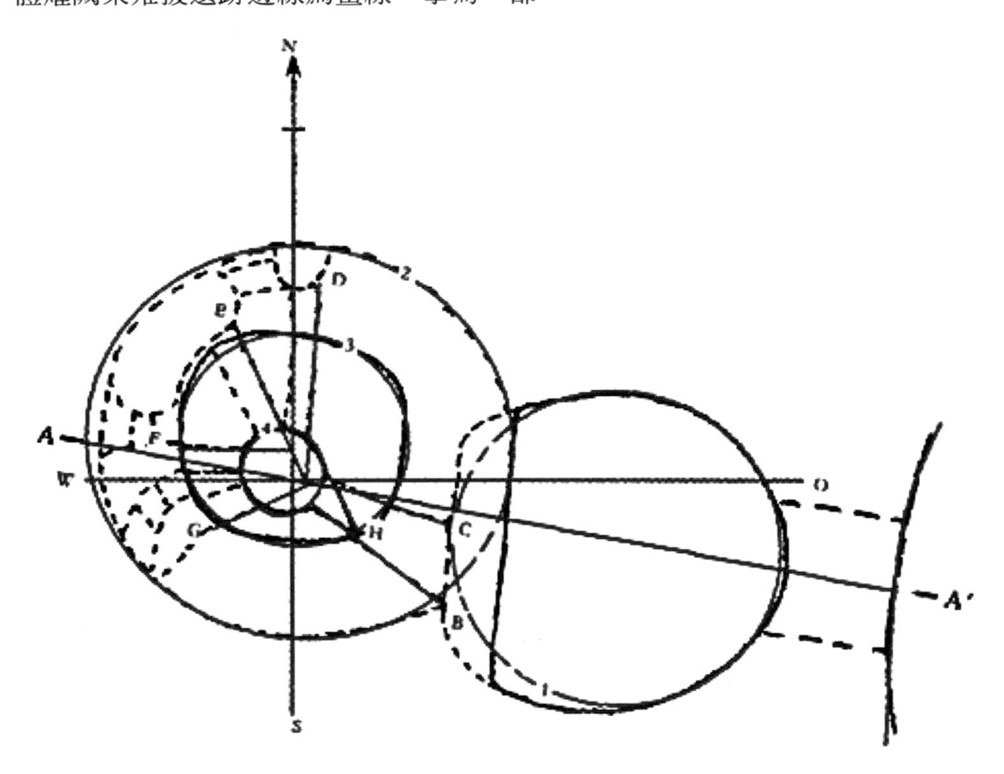

圖二一：體權闕 Y204 權火正冬至

（2）參數

前次第諸橢圓各有曆義。圓 4 面小，其太半位於黃道線北，小半位於黃道線南。以此圓象徵熱，此熱雖近北，但仍較遠。此圓可能象徵黃道圈，其受熱自東南。而且遠在冬至後。去冬至已有 80 日。日自南返而人在黃道仍不受日直射。次圓 3 爲放大黃道。再次圈 2 同樣係黃道圈。

日照黃道面比例變遷明顯：圈 1 見日射線 AA'告日所黃經 350° ，此線交黃道線 180° ～0° 線於交協所系原點。

H 線告黃道自小變大之軌道。日左旋及此處而入第 3 軌道。由此推測，圓 3、2 之間在 G 點虛線係黃道自 3 變爲 2 之軌線。黃經圈在此線最大。及此，黃道受射面增大，即受日射幅面增加。

AA'線告日所黃經 350°，在春分前 10 日。此線係日在東偏南晨刻照射線。細察 C 東端，約在爟火闕西邊線中點之北，稍向南移動須及中點。AA'線自此線產生。

其本乃 C 線而非 B 線。C 線告日所地平以下緯線 340°許。但爟火闕之火能象徵日照。B 線端唯爲日過黃道投影。爟火闕之火不從此入。此處爲拐角，而火難入爟火室。在此，火象徵日照，故 C 處能有日照。B 告日所黃經 320°許。D 線告日所黃經 86°。E 線告日所黃經 115°。F 線告日所黃經 180°。黃經 180°線南未畫朱線虛線告日所黃經 200°。G 線告日所黃經 205°。H 線告日所黃經 295°。

體爟闕 Y204 節令次第：C 告冬至或冬至後 2 到 3 日。H 線告日所黃經 295°，時在大寒前 5 日。B 告日所黃經 320°，時在立春後 5 日。冬至正，則孟春初昏星象堪得。此後節令：春分前 10 日、夏至前 4 日、大暑前 5 日、秋分、霜降前 10 日。此考揭示，體爟闕結構變遷背後乃星曆家爲曆，而非後世窯工創造。簡陋與進步之別唯在星曆家一時一地視見星象爲曆。此處雖未考證祝巫視見星宿，而能察日行天球投影祝巫自能見東南、正南、西北、正西、西偏南星宿。

（3）**曆體**

爟火室上口徑程 0.66 米，此乃狄宛 2 尺，折算 6 日。此數加夏至前日數，得數 92 日。當年夏至日 5 月 12 日。

底徑程度當日：

1.2÷0.33＝3.6

3.6×3.0416＝11

此數能謂前番冬至 11 月 11 日。

爟火室殘深程度當日：

0.84÷0.33＝2.54

2.54×3.0416＝7.74

小數折算 22 日，計得 232 日。此數含前考冬至迄夏至 180 日，多 52 日。此差數出自爟火闕深程與爟火室深程差度當日。

燿火闕東西徑程度當日：

1÷0.33＝3.03

3.03×3.0416＝9.21

南北徑程：

0.96÷0.33＝2.9

2.9×3.0416＝8.8

東西徑程、南北徑程日數參差，此差數可視如日影東西稍長、時在秋分後。

火塘高程：

0.84－0.36＝0.48

0.48÷0.33＝1.45

1.45×3.0416＝4.42

小數折算 12 日，計得 132 日。此數堪對照前言燿火室深程度當日超效深程度當日數。

燿火闕東通風孔長程 0.46 米度當 4 日，寬程 0.4 米度當 3.68 日，高程 0.12 米度當 33 日。此三數有何曆義，我未檢得。

（二）體燿闕曆援營窟與葬闕

1. 較早體燿闕 Y200 及 Y201 覆援

1）Y200 覆援 F201

（1）F201 參數

檢 F201 係第二期第 I 段營窟（詳後營窟名考）。垣長程 4.6、寬程 3.8、殘深程 0.7 米，戶向角 75°，戶道長程 2.1 米、寬程 0.34 米；「竈坑」瓢狀，口徑程 1.2～1.56、底徑程 1～1.44、深程 0.25 米。底面有大柱洞 2，垣邊有小柱洞 8。起出瓦線陀 AII 型 1 件、石球 B 型 2 件。殘瓦丸 A 型 1 件、CII 型 1 件、深腹罐 BI 型 1 件。日所黃經 15°。

（2）Y200 燿火室深程覆援 F201 燿闕深程

檢體燿闕 Y200 起出夾砂罐，F201 也起出夾砂罐。此物證其曆義親緣。F201 之「竈坑」與體燿闕俱源於燿事，故得類比。F201 燿闕深程 0.25 米，此數被體燿闕 Y200 燿火室深程 0.16～0.4 米包含。今斷體燿闕設計者設計體燿闕 Y200 燿火室時曆援 F201 深程 0.25 米。

2）Y203 雍援 M202 曆志

（1）Y203 及 M202 參數

依發掘者述，體爟闕 Y203 覆 M202，殘，體爟闕火口方向 105°，窯室橢圓，長程 2.15、寬程 1.2、深程 0.14 米，無火道，出土殘瓦銼，穿孔短褶矛蚌十二件，穿孔圓頂珠蚌 6 件等。諸蚌殼係要物。

M202 係長程不詳、寬程 1.27、深程 0.3 米。墓向 110°。起出骨笄、骨錐、葫蘆瓶 III 型 1 件、雙唇罐 AI 型 1 件。男，25～30 歲。雍於 Y203。

（2）推測 M202 長程 2.1 米被與曆援

此處不為曆日計算，唯對照兩遺跡參數，顯祝巫曆為先後，辨築後結構者承取前結構參數為曆。

檢體爟闕 Y203 火口角 105° 出自承取 M202 方向角或其反向。墓向 110° 謂墓納顱骨當日所黃經 340°，以為祝巫立於此處，面向西北。Y205 火口角 105° 折算日所黃經 345°。二數顯日所黃經差僅 5°。建造體爟闕 Y205 祝巫承取 M202 祝巫立足面西北之角度。僅顧日所黃經度加 5° 而已。

體爟闕 Y203 窯室橢圓，長徑程 2.15、短徑程 1.2、深程 0.14 米。短徑程、深程小於 M201 兩參數，而且差數有限。由此推斷，Y203 短徑程、深程取自 M202 寬程與深程。由此，堪續推斷，M202 長程不詳，故在祝巫切去此部。敢於切去，故在曆算前階參數已俱。

追加旁證：M202 起出骨笄、骨錐、葫蘆瓶 III 型 1 件、雙唇罐 AI 型 1 件。罐告爟事，而體爟闕 Y203 述進益爟事。M202 骨笄斜插百會附近，告北極或黃極。骨錐言祝巫算日晝所軌道面，與黃道面夾角。而體爟闕 Y203 起出穿孔短褶矛蚌 12 件，穿孔圓頂珠蚌 6 件。此二者乃計算日遠近行以及合朔計算之器。

2. 稍遲體爟闕曆援

1）Y211 為 F216 與 F239 覆援

（1）遺跡參數

體爟闕 Y211 覆於 F216、F239，較完整，爟火室火口朝向 325°，爟火闕長程 0.7、寬程 0.8、深程 0.35 米。爟火室橢圓，長徑程 2.4、短徑程 1.2、深程 0.23 米，無火道，無出土物。

F216 係第二期第 III 段遺跡。依附表五，F216 底面不清，底殘長程 2.1、寬程 3.75、殘深程 0.05 米。有無爟闕不清。底面有大柱洞 2 眼。起出尖底缸 BII 型 1 件。瓦弓 A 型 1 件等。F239 也屬第 III 段遺跡。其底面不清，殘長程 2.4、殘寬程 2.2 米，起出骨笄殘尖 1 枚。

（2）曆援 Y211

推測 F216 其深程殘存 0.05 米舊深程係爟火闕深程 0.35 米。殘去 0.3 米。推測 F329 殘存長程 2.4 米來自 Y211 爟火室長徑程 2.4 米。其它狀況不詳。

2）Y205 雍援 F213 與 F214

（1）三遺跡參數

體爟闕 Y205 雍 F213、F214，體爟闕殘，火口朝向 292°，爟火室橢圓，長程 1.3、寬程 1.25、深程 0.08 米，無火道，出土骨鏃等。

F214 係第二期第 II 段遺跡。依附表五，其底面不清，長程 1.23、寬程 3.6 米，戶向角 32°。戶道殘長程 0.8、寬程 0.4 米。爟闕圓，口徑 0.7、深程 0.2 米。柱洞 2 眼。起出石斧 EII 型 1 件，骨鏃 A 型 1 件、無關節部骨錐 C 型 1 件、角錐 A 型 1 件。

F213 係第二期第 III 段遺跡，底面不清，殘長程 3.1、殘寬程 2.05、殘深程 0.17 米，戶向角 122°。戶道殘長程 0.7、寬程 0.33 米。爟闕圓，口徑程 0.6、深程 0.18 米。底面有大柱洞 2，起出殘瓦丸 C 型 1 枚，短骨針 B 型 1 枚。爟闕口沿外有半圓泥坎。

（2）曆援 F214 與 F213

體爟闕 Y205 雍 F213 之證在於，其火口朝向 292°，此度數謂日所黃經 180°以北 22°，未及秋分。今斷此度數取自 F214 戶向角 32°。檢 F214 戶向角當日在夏至前 32 日。夏至前 32 日迄秋分前 32 日，此乃 90 日，今取此 90 日，再加日左行 10°，故得 100 日。

F213 戶向角所黃經 0°以南 32°，春分前 32 日。F214 夏至前 32°被 F213 承取，故見 Y205 並雍援 F213。F214 底長程 1.23 或初爲 1.25 米，此程度被用於設計 Y205 爟火室寬程 1.25 米。此外，F214、F213 底柱洞數同。

此外，Y206 雍援 F214。Y206 雍 F214，殘，體爟闕火口朝向 270°，其爟火室長程 0.8 米。檢 F214 戶道殘長程 0.8 米係 Y206 爟火室長程 0.8 米程度之源。

3）Y207 間雍援 F214 與 H211

（1）三遺跡參數

體爟闕 Y207 雍 F214，雍於 H211。Y207 殘，窯室橢圓狀，長徑程 1.6、短徑程 1.1、深程 0.16 米。無火道等。

曆闕 H211 係第二期第 III 段遺跡，雍 Y207。H211 狀不規則，近全存。口徑程 1.7～2.5，3.2～3.9、深程 2 米。起出物甚夥。瓦線陀 C 型 1 見、骨錐、骨笄、「尖底瓶」、圜底盆、平底盆、圜底缽、平底缽、盂、甕等。

（2）間雍援

檢前述，得知體爟闕 Y207 係間雍遺跡，即雍某一遺跡，又被另外一遺跡雍援。Y207 雍援 F214，被 H211 雍援，故爲間雍遺跡。體爟闕 Y207 深程 0.16 米取自 F214 爟闕深程 0.2 米。H211 口徑程之 1.7 米取自 Y207 爟火室長徑程 1.6 米，加 0.1 米。

4）體爟闕 Y208 被 H212 毌期雍援

（1）遺跡參數

體爟闕 Y208 雍於 H212，殘。爟火室橢圓狀，長徑程 0.8、短徑程 0.56、深程 0.26 米。無火道等。

依附表一，曆闕 H212 係第四期第 II 段曆闕。依附表一九，曆闕 H212，雍 Y207，橢圓，口徑程 1.7～2.5、深程 1.3 米。清出大半。壁、底不清。此處見毌期曆援。

（2）雍援曆闕 H212

依前給參數，Y208 爟火室參數不能爲曆援參數，故在 H212 口徑程與深程遠大於 Y208 爟火室程度參數。毌期曆援僅能存於 H212 底徑程。推測第四期第 II 段 H212 底圜。此推斷精否，待來日考古者發掘檢驗。

三、狄宛第二期以降體爟闕擇釋

（一）渭水域內體爟闕擇釋

1. 姜寨體爟闕 Y1 曆釋

1）輔畫朱線圖樣與曆義

（1）**輔畫朱線**

後繪圖原樣採自《1972 年春臨潼姜寨遺址發掘簡報》（《考古》1973 年第 3 期）。移動原平面圖子午線於北邊，畫平臺兩半之北半邊線，合《姜寨》圖四六 A－B，截圓平臺一部，畫線段 B'A'，合圖四六。畫此部圓周。畫子午線延長線過圓周部圓心，繪其垂線 WO，以爲黃經 180°～0°線。得協所系原點位於兩半球面之北半邊線。A－B 線交原點於北半球面南邊線中腰。

依地平協所系之縱向移動，在平臺剖面下部畫線 C 平行於 WO、D 線平行於 NS，見兩線在地內交 55°角，環火道被關聯。平臺 3、4 不透火。而且，南平臺加 4 火道占更多平面，此告南部火多，北火寡。

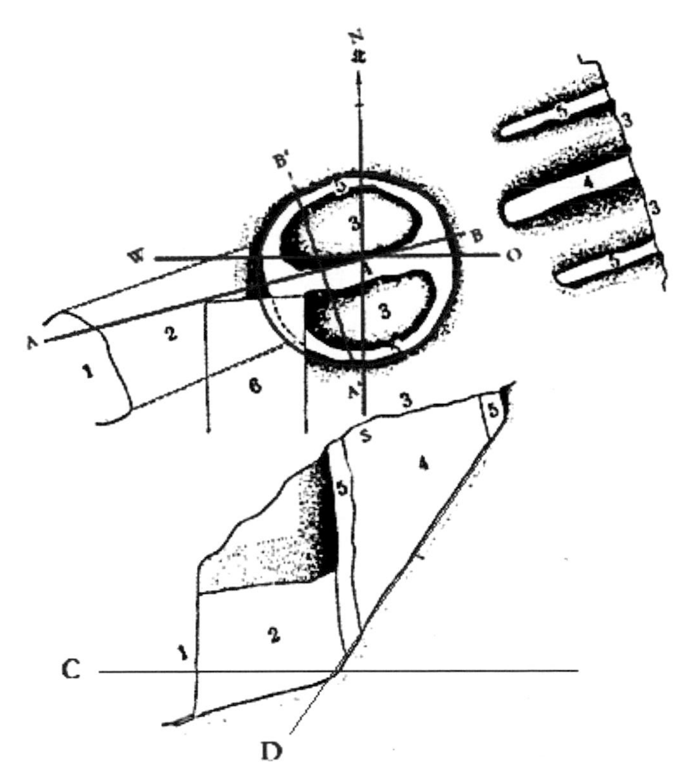

圖二二：姜寨早期體爟闕 Y1 爟火正冬至

原圖 1 窯門、2 火膛、3 窯室平臺、4 中火道、5 環狀火道、6 係近代墓壙。

顧此圖平臺部外廓爲圓。故畫其外廓。祝巫以此圓當何物，暫不知曉。圖樣有自西偏南向東偏北傾斜狀。能視見火射東北狀。顧此義，故畫爟火闕邊線。兩線不平行，過黃經度數相差不大。

（2）曆義參數

檢此體爟闕模樣，見二者堪爲體爟闕曆爲模範：第一球狀外廓。第二，放寫日行球狀以內，顯南北半球狀。此乃狄宛圜底缽象半天球曆義外最精巧地——天——日關係圖。

檢此圖外廓係祝巫放寫正天球。最大環火道即日火道。即日行天球軌道。祝巫以地火放寫天火。日軌道遠近未被照顧。地球近日點、遠日點也未照顧。

祝巫造設平臺爲截球面二半，以寫地上熱氣別南北。姜寨祝巫承襲狄宛祝巫知地別南北思向，將兩扣合圜底缽口沿隔開，懸置上圜底缽，見上半球高懸，下半球垂下。而且，下半球平面多於上平面。如此，日多照南之義明顯。地球別北、南兩半球之星曆認知最在在姜寨第一期被記錄。而此念早成於狄宛第一期。

此外，北邊線當日落所，交 180° 線以 21° 許。南邊線當日落所，交 180° 線大於 20° ，小於 25° 。此角度恰爲黃道面、赤道面交角 23.5° 許。C 線 D 線告日赤道交地黃道面之證。

2）曆體

（1）爟事闕曆志

爟事闕寬程度當日：

0.7÷0.33＝2.12

2.12×3.0416＝6.4

高程度當日：

0.73÷0.33＝2.21

2.21×3.0416＝6.72

計得 201.8 日。此數超過冬至迄夏至日數，多 21.8 日。

（2）爟火闕曆志

爟火闕殘長程度當日：

0.9÷0.33＝2.72

2.72×3.0416＝8.29

寬程度當日：

0.66÷0.33＝2

2×3.0416＝6

高程度當日：

0.68÷0.33＝2.06

2.06×3.0416＝6.26

計得 188 日，此數超冬至迄夏至日數 8 日。

（3）中火道曆志

中火道長程度當日：

1.83÷0.33＝5.54

5.54×3.0416＝16.8

寬程度當日：

0.18÷0.33＝0.54

0.54×3.0416＝1.65

深程度當日：

1.35÷0.33＝4.09

4.09×3.0416＝12.44

小數折算 13 日。計得 12 個月又 13 日。

環火道長程 4.26 米折算 1 丈 2 尺 9 寸，謂黃道周長。依圓周朱線推測，此處周長有誤差。推測原環外周長等於狄宛 1 丈 3 尺。丈當年，3.3 尺當 4 個月日照。

（4）半球面平臺曆志

南平臺長徑程 0.84、短徑 0.4 米；北平臺長徑程 0.86、短徑程 0.42 米。二平臺短徑程須相加，其長徑程取均數 0.85 米。

長徑程度當日：

0.85÷0.33＝2.57

2.57×3.0416＝7.83

短徑程度當日：

0.41÷0.33＝1.24

1.24×3.0416＝3.77

（5）平臺前後高程日差

兩平臺前後高程參差，須算高程度當日差數。案高程即深程。前高程度當日：

1.35÷0.33＝4

4×3.0416＝12.44

小數折算13日，計得1年又13日。

後高程度當日：

0.24÷0.33＝0.72

0.72×3.0416＝2.212

計得66日。

自前高程到後高程存在斜面高程差。此高程差1.11米，度當307日。此數寡於日過黃經滿度日數53日。寡日數折算日過黃經C、D線度數55°。差2°本乎黃經與赤經度差。

（6）全程度曆志

Y1全長程度當日：

2.4÷0.33＝7.27

7.27×3.0416＝22

寬程之闕度當日：

0.72÷0.33＝2.18

2.18×3.0416＝6.6

1.08÷0.33＝3.27

3.27×3.0416＝9.95

高程度當日：

1.28÷0.33＝3.87

3.87×3.0416＝11.79

小數折算24日，計得354日。此日數乃陰曆年日數。推測此數含誤差6日。黃道圈滿度360°。

2. 福臨堡關桃園體爟闕選釋

1）福臨堡體爟闕Y1曆釋

（1）輔畫朱線

原圖一四阿拉伯數字義：1告火口、2謂火膛、3謂火道、4指火眼、5指窯室。繪圖時照顧原圖黑字，圖樣不清處悉加黑字。畫朱線連A'A，前者謂火口線南偏西端，後者即此線北偏東端。在此線覓得子午線平行線，畫NS線。畫其垂線WO，以爲黃經180°～0°線。此協所系乃平面協所系，原點位於

AA'線上。畫 BB'連線，過原點。自火眼 3 畫線及原點，此線告日所黃經度數若干。依圖樣畫橢圓 K，再畫橢圓 K1，後畫橢圓 K2。三處橢圓軸線方向參差，或同軸線防線見長軸分割橢圓面兩半平面小大不一：K 長軸走向西南向東北。K1 長軸走向西偏北——東偏南。K2 走向似 K。但 K 東邊平面大於西邊平面。而 K2 長軸似乎均分橢圓面。

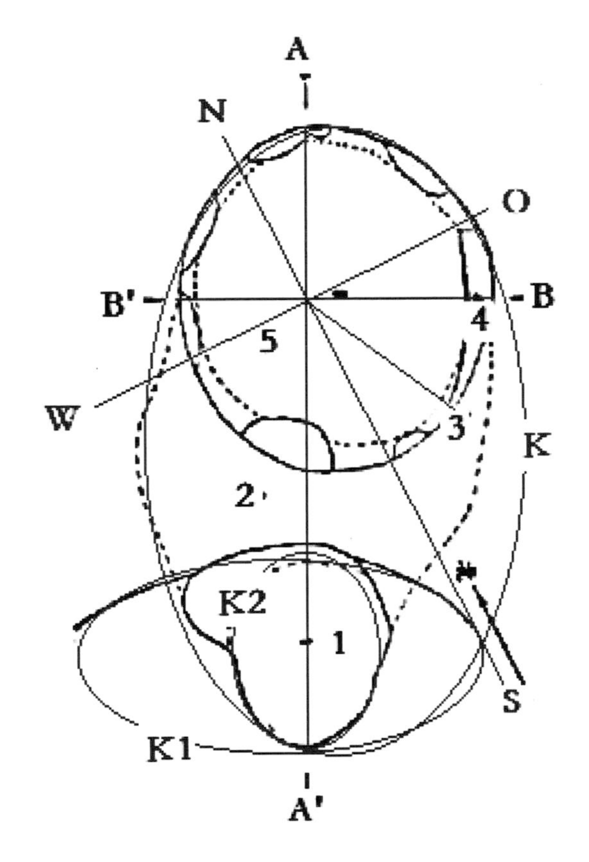

圖二三：福臨堡體爟闕 Y1 爟火正冬至

（2）曆義參數

準乎地平協所系，見 K 能當日行天球，軌道縱向自右向左側轉，以合日行天球投影。發掘者述 AA'線方向 205°，測算此線位於 S 線西 27°，合日所黃經 243°，時節小雪後 3 日。BB'位於 180°線以北 28°，爲日所黃經 152°，時在秋分前 28 日。火眼 3 線謂日所黃經 297°，時在冬至後 27 日，孟春前 4 日。依前辨識，今檢此體爟闕告日南行，在冬至前，祝巫以此體爟闕爟事正冬至。

（3）**曆體**

長程度當日：

1.8÷0.33＝5.45

5.45×3.0416＝16.5

寬程度當日：

1÷0.33＝3.03

3.03×3.0416＝9.2

其二，窯室諸向程度當日曆算。

南北徑程度當日：

0.98÷0.33＝2.96

2.96×3.0416＝9

東西徑程度當日：

0.92÷0.33＝2.78

2.78×3.0416＝8.4

殘高程度當日：

0.6÷0.33＝1.81

1.81×3.0416＝5.53

計得 166 日。

其三，火口東西徑程度當日：

0.4÷0.33＝1.21

1.21×3.0416＝3.68

南北徑程度當日：

0.5÷0.33＝1.51

1.51×3.0416＝4.6

其四，火膛上部長程度當日：

0.95÷0.33＝2.87

2.87×3.0416＝8.7

底部長程度當日：

0.5÷0.33＝1.51

1.51×3.0416＝4.6

寬程度當日：

1÷0.33＝3.03

3.03×3.0416＝9.2

深程度當日：

0.55÷0.33＝1.66

1.66×3.0416＝5.069

計得 152 日。

火膛內起出一件完整夾砂紅陶罐，此物旁證祝巫燿事。

2）福臨堡體燿闕 Y4 曆釋

（1）輔畫朱線圖樣

原圖 1 火口、2 火膛、3 窯室、4 火道、5 煙孔、6 火眼。畫朱線 BB'為火自火膛走向燿火室線，告日所黃經 60°，時在小滿。畫子午線平行線 NS，過 BB'，後畫 NS 線垂線，得地平協所系。子午線 NS 過火膛中央伸向窯室東邊緣。畫此圖外廓橢圓，為黃道圈，火口部為日所。日將左行繞黃道圈。再畫燿火室圓狀，顯今不能見盛火在北——南一線。又檢日去燿火室近。此告去夏至不遠。

畫朱線 DD'為地平線，CC'線為火向上行坡道線，兩線交約 43°。此線在中部折斷，增益 40°，以致火近乎直昇窯室，坡度 83°。此象徵日須向高處行進。

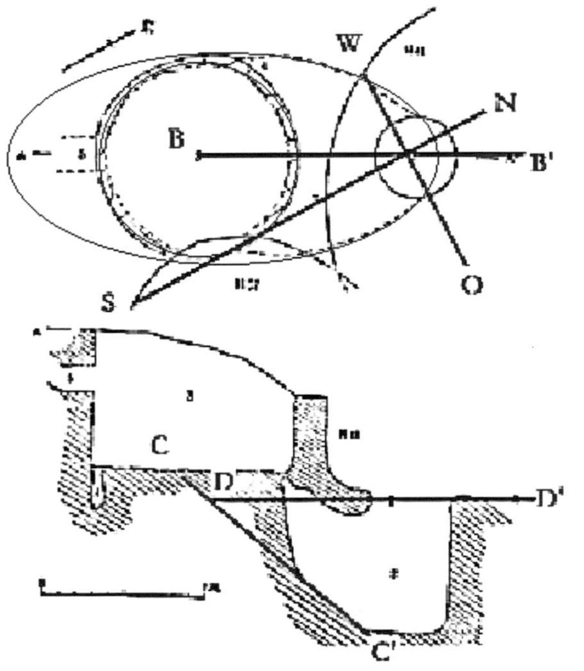

圖二四：福臨堡體燿闕 Y4 燿火正夏至

（2）曆體

其一，全長程度當日：

1.75÷0.33＝5.3

5.3×3.0416＝16

寬程度當日：

1.3÷0.33＝3.93

3.93×3.0416＝11.98

其二，爟火室諸向程度當日。

直徑程度當日：

1.3 米度當 11.98 日，如前。

爟闕壁殘高程度當日：

0.9÷0.33＝2.72

2.72×3.0416＝8.29

小數折算 8.8 日，計得 248.8 日。火口直徑程 0.5 米度當 4.6 日。參數不全，無以驗證。

3）體曆闕 H41 曆釋

（1）輔畫朱線與參數

輔畫 H41 兩火口連線，並見東北弧線，畫橢圓，此告日動向左。言弧邊畫線 C，此乃日行天球投影見日繞黃經動向。及下沉於西南，見弧邊更大，故畫橢圓。日沉入南部。畫地平協所系，原點位於南橢圓北切線上。此線走向 AA'，此線交黃經 70°。此告日所黃經 70°，在夏至前 20 日。而 C 交 N 線 75°。以 WO 爲赤道，C 述日在西偏南，落前射向地面。東北乃日射之所，彼處夜見日在橢圓軌道上。日落前自西偏南射來，交角 24°，時在冬至。以黃經述之，即見日所 270°。欲依日行天穹投影正冬至，須自冬至前 20 日須察星象。故 Y1 體爟闕告祝巫爟火以正冬至。

西邊線係子午線平行線，告二體爟闕以南北極關聯。東邊線出自祝巫繪圖便利考量。若繪正南北線，易誤會體爟事正冬夏至須在節令前之義。此處察不見日落餘輝。但立於正南地平線上，能見日落於西偏北 24°許，時在夏至後。前考 H41 北邊體爟闕爟火正冬至，其南邊體爟闕爟火正夏至，其故在此。

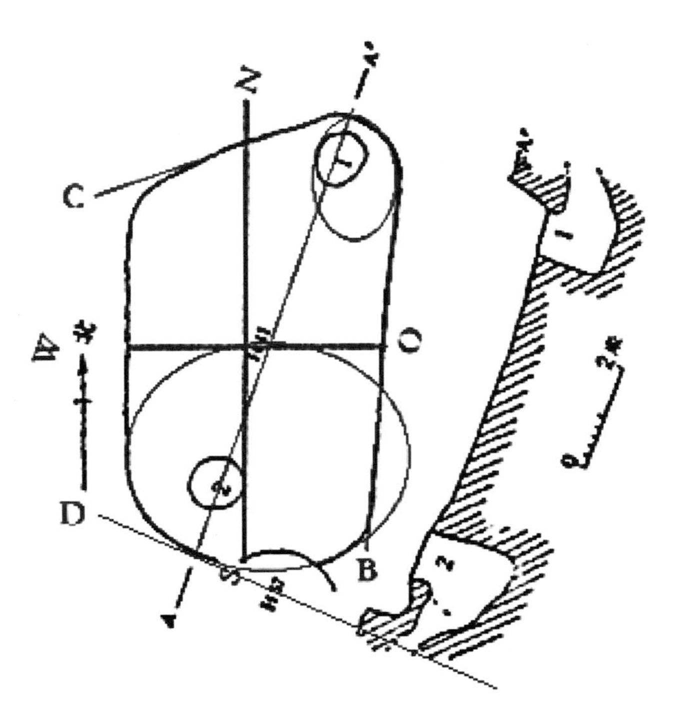

圖二五：福臨堡曆闕 H41 連北南體權闕權火正冬夏至

（2）曆釋

H41 南北長程度當日：

8.6÷0.33＝26

26×3.0416＝79.3

東西寬程度當日：

5.1÷0.33＝15.45

15.45×3.0416＝47

前二數爲程超日數，第一數多 49.3 日，後數多 17 日。兩數相加 66 日。合日射北回歸線以北迄黃經 90 度剩餘日數。另外，此等程超日數涉及兩座體權闕日數關聯。日行多度即見日自北體權闕位移南體權闕用多日。

東北部深程度當日：

0.95÷0.33＝2.87

2.87×3.0416＝8.756

小數折算 22.68 日，計得 262.68 日。此日數去 270 日差 7.32 日。以 270 日當日所黃經 270 度，即見權火正冬至事。

西南部深程度當日：

0.6÷0.33＝1.81

1.81×3.0416＝5.53

計得 165.9 日。

（3）前問解答

檢《寶雞福臨堡》圖三繪 I 區遺跡（第 4 頁），見體爟闕甚夥。準乎 H41 爲軸線，察西部體爟闕，能見 Y6、Y2 述祝巫爟火於體爟闕正冬夏至之義。譬如 Y6 火口走向西南——東北，約合日所黃經 60°，曆義如 Y4。而 Y2 火口走向南北，曆義如 Y1，但日所黃經 270° 之義明顯。由此能見，以曆闕連二體爟闕係對照摹記，而 Y2、Y6 乃體爟闕之孤存。

第一，福臨堡早期窯址 Y1、Y4 以 H41 聯繫，記錄祝巫知曉爟火正冬至須在冬至前 20 日須，爟火正夏至也須及早察日行天穹，甚或須始於 30 日前。

冬至夏至時節之正唯以日繞黃道百八十度相逆而行爲要。以 H41 橫截線爲界，在南行火以正冬至，在北行火以正夏至。如此關聯訣竅在於，日落黃道西端北、南俱 24° 許唯爲日所黃經 90°、270° 參照。日行天球與日行天球投影被關聯。天地星象對照思向已成。

此乃福臨堡祝巫正冬夏至訣竅。此述後傳河東。新絳第 III 發掘區 H19 體爟闕與體之源在此。體爟闕起出罐器，此乃爟事放寫烏雚往還之事。祝巫初形語音，烏韻關聯日丸北南之轉，熱去還之義被表述。以物志之，須摹記其雚卵之狀。而恃一曆闕連二體爟闕之思向本乎祝巫拆解地平協所系爲二：在一地於夏至能見日落西偏北 24° 須，於冬至能見日落西偏南同度數。但謀述略過日所黃經度變 180，不須連續察至少 180 日，以圖述曾察二季星象，故拆解二部。此乃 H41 體功之源。

4）關桃園體爟闕 Y1 曆釋

（1）輔畫朱線圖與曆義初見

檢關桃園遺址圖一五〇爟火闕在南，近爟火室。南小圓與北大圓比例不協。自 A'畫朱線及 A，從原子午線方向。此體爟闕自南向北毌穿，南投火而北燃燒，器坯成於箅上。發掘者言此體爟闕方向 360°，此言不塙。見其走向 357°，即日今所黃經 93°。爟火闕部捨棄，故不見剖面斜坡。東邊線交子午線 15°。告日所黃經 255°。爟火闕西邊縣盡頭交子午線角度大於東邊縣 7° 以上。若畫 BB'連線，見西部大於半圓。日夏至向西偏行之義明確。

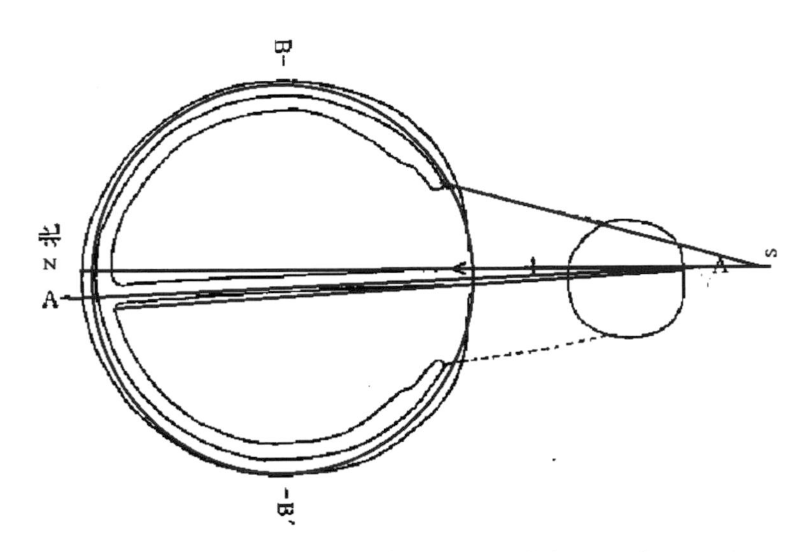

圖二六：關桃園體燿闕 Y1 燿事正小暑

依前圖得知，祝巫依此圖正夏至後第 5 日節氣，此乃擇向之故。地槽挖掘也出自此念。燿火闕、燿火室平面圓，故在祝巫以行火告日行環黃道。而中火道即別地東西。此構圖頗似姜寨早期 Y1，但旋轉 90° 須，截球面模樣不夠細緻。祝巫視見西向在黃道北天，北斗七星得見，南方能見東方七宿之房宿等。前舉諸問依此得解。中央火道走向關聯祝巫燿火正節氣，此段長程度當日 11 日，視爲日所變度，加 93° ，得 105° ，在小暑前 1 日。

（2）曆體

其一，體燿闕長程度當日：

2.05÷0.33＝7.57

7.57×3.0416＝23

寬程度當日：

1.35÷0.33＝4.6

4.6×3.0416＝14

殘深程度當日：

1.7÷0.33＝5.15

5.15×3.0416＝15.66

小數折算 20 日，計得 470 日。

其二，燿火室南北徑程度當日：

1.3÷0.33＝3.93

3.93×3.0416＝11.98

東西徑程度當日：

1.35÷0.33＝4.09

4.09×3.0416＝12.4

爟火室底以上殘存高程度當日：

0.15÷0.33＝0.45

0.45×3.0416＝1.38

小數折算 11 日，計得 41 日。

其三，中央火道與窯底水平成 38° 夾角

中央火道長程度當日：

1.15÷0.33＝3.48

3.48×3.0416＝10.5

其四，火膛距窯底高約 0.9 米，此係高程差。

火塘東、西、北端寬程度當日：

1.05÷0.33＝3.18

3.18×3.0416＝9.67

南端寬程度當日：

0.4÷0.33＝1.21

1.21×3.0416＝3.68

進深度當日：

0.6÷0.33＝1.81

1.81×3.0416＝5.53

計得 165.9 日。

其五，火門直徑程度當日：

0.4÷0.33＝1.21

1.21×3.0416＝3.68

火口距火膛底部高程度當日：

1.2÷0.33＝3.63

3.63×3.0416＝11.06

計得 331.8 日。

（二）渭水域外仰韶時期體權闕選釋

1. 山西河南仰韶時期體權闕曆釋

1）山西芮城東莊體權闕 Y202 曆釋

（1）體權闕 Y202 諸程度與圖樣

山西芮城東莊遺址地層含仰韶堆積。其發掘者述，芮城東莊遺址 Y202 平面呈瓢狀，殘長程 1.8 米。火膛朝南，方向 177°。拱頂、平底。橫剖面微似半圓，存口部寬程 0.5、高程 0.25 米。火膛由南向北漸擴張，通窯室。窯室平面近圓。窯室殘高 0.12～0.5 米（圖九）。其餘「八座窯址」與 Y202「形制基本一致」（《山西芮城東莊村和西王村遺址的發掘》，《考古學報》1973 年第 1 期）。

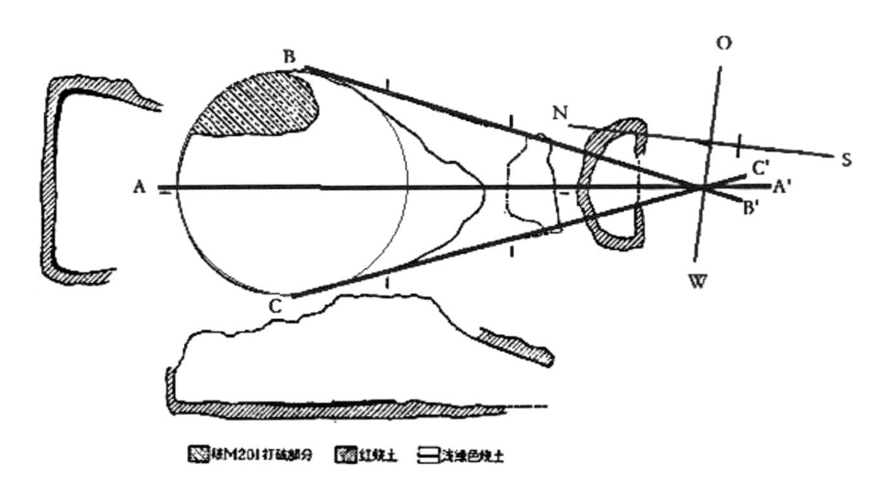

圖二七：芮城東莊體權闕 Y202 權火正冬至

檢發掘者言方向 117°，此度數誤志，須是 277°。即體權闕 Y202 平面圖北南端點連線 AA'與子午線在南交角，在 270 度東約 7°。等於日所黃經 277°，冬至後 7 日。BB'係東邊線，CC'係西邊線。兩線在南交角 32°。CC'交 AA'約 15 度。BB'交 AA'約 17 度。

BB'日所黃經度數＝277－17＝260°

如此，CC'所日過黃經 294°，大寒前 6 日。去春分 18 日。顧 CC'與 BB'交於火口以南，推測彼處曾有某結構細節。故見給火處遠去正北圓權火室。由此以及兩線夾輔中線斷定，祝巫以體權闕權火正冬至。

（2）曆日

殘長程度當日：

1.8÷0.33＝5.45

5.45×3.0416＝16.5

口部高程度當日：

0.25÷0.33＝0.75

0.75×3.0416＝2.3

計得 69 日。

窯室殘高程度當日：

0.5÷0.33＝1.51

1.51×3.0416＝4.608

小數折算 18 日，計得日 138.25。

檢東莊遺址 M103 骨殖擺放頗似姜寨第二期 M205 第 4 層南組骨殖擺放，唯朝向參差。推斷此二地祝巫星曆思向同源。

2）河南新安槐林遺址體爟闕 Y1 曆釋

（1）槐林體爟闕 Y1 諸程度舊述

新安縣位於澠池以東，孟津縣以西。此地也屬狄宛系文明東傳路徑。1996 年，發掘者揭露仰韶時期「陶窯」Y1。存狀近全。清理底室者起出瓦片。其北部被同期 H8 雍殘。Y1 位於 T7 南半部，窯室殘壁距地表 0.65 米，挖掘於生土層，由窯室、火道、火膛、「操作坑」等。方向 60° 。窯室在東北，火膛居中，「操作坑」偏西南。

窯室平面圓，窯腔長徑程 1.75、短徑程 1.08、壁殘高程 0.55 米，室周壁外鼓，壁與底面燒成磚青色，向外呈紅色。底部中央下凹，有圜底模樣。近壁一週有 14 個圓火眼，火眼與下面環狀火道相通。火眼間距 0.13～0.32 米。

火膛位於窯室西 0.18 米處。平面橢圓，上半殘破，口小底大，圜底。殘口南北長徑程 0.72、東西短徑程 0.58、深程 1.3 米。底部低於窯室 0.7 米。東面有兩個火門，北火門較小，橢圓狀。南火門較大，圓角梯形。周壁磚青色。

火道位於窯室下 0.08～0.14 米，環狀繞窯室底部。火道由東向西呈斜坡狀，橫截面橢圓。「操作坑」位於火膛西面，上雍於 H19，此坑有東西兩部。西部爲主。平面南北狀似橄欖，南北長程 2.8、東西寬程 1.1 米。東部係東窄西寬喇叭狀通道，東西長程 0.6、南北寬程 0.54～0.82、深程 0.4～0.6 米，與火膛連。西半部底爲小斜坡，東半部底稍平。

H8 暦闕口東西長徑程 3.86、南北短徑程 3.24 米，底東西長程 1.4、南北徑程 0.9、深程 1.51 米（《河南新安縣槐林遺址仰韶文化陶窯的清理》,《考古》2002 年第 5 期）。

（2）**輔畫朱線與參數**

檢火膛平面橢圓即祝巫造此狀似日軌道面橢圓。檢原圖，火道由東向西呈斜坡，此言謂火在西低處東上昇而入窯室下部。又案，操作坑即體爟闕之備火闕。其橄欖狀即橢圓狀。祝巫知日行軌道，若畫日火行軌跡，其線爲橢圓。日行於蒼穹，起點在蒼穹之弧面某點，蒼穹即天球，天球狀似 2 圜底器扣合外邊球狀輪廓。備火闕喇叭口即漏斗狀，連副爟闕與火膛。火膛面如日移動而入彀。出自備火闕，自漏斗口擠入窄道，炳照爟火室。

畫子午線 NS、緯線 WO，後者當黃經 180°～0°，得協所系。畫 AA' 爲體爟闕中線，毌穿備火闕東偏北各部。此線與子午線交 60°，合日所黃經 30 度，在春分後 1 個月。BB'係爟火室東北邊線，此線與子午線交 30°，當日所黃經 60°。交線交點 J 位於漏斗狀結構西北，火在西猶如日夜在下，晝見東昇。JO 線向東延伸，自火膛與漏斗結構接茬處向東延伸迄爲黃經 0°線，時在春分日。春分後 60 即小滿。依諸參數，此體爟闕述時起於春分，迄小滿。祝巫爟火以正穀雨節氣。此節氣係春分、小滿之間。

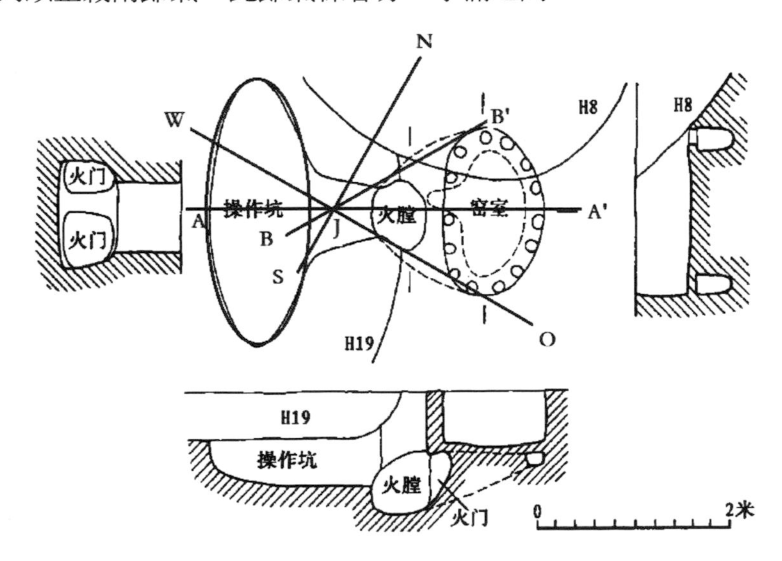

圖二八：新安槐林體爟闕 Y1 爟火正穀雨

（3）**曆體**

正爟闕室長徑程度當日：

1.75÷0.33＝5.3

5.3×3.0416＝16

正爟闕短徑程度當日：

1.08÷0.33＝3.27

3.27×3.0416＝9.95

正爟闕壁殘高程度當日：

0.55÷0.33＝1.66

1.66×3.0416＝5.069

計得 152.8 日。

火膛殘口南北長徑程度當日：

0.72÷0.33＝2.18

2.18×3.0416＝6.63

東西短徑程度當日：

0.58÷0.33＝1.75

1.75×3.0416＝5.34

深程度當日：

1.3÷0.33＝3.93

3.93×3.0416＝11.98

約算 360 日。

底部低於窯室深程度當日：

0.7÷0.33＝2.12

2.12×3.0416＝6.45

計得 193.5 日。

發掘者言「操作坑」係備火闕。其曆算細節如後。

南北軸長程度當日：

2.8÷0.33＝8.48

8.48×3.0416＝25.8

東西軸寬程度當日：

1.1÷0.33＝3.33

3.33×3.0416＝10
漏斗狀通道長程度當日：
0.6÷0.33＝1.81
1.81×3.0416＝5.5
南北寬程度當日之閾來自小寬程度當日：
0.54÷0.33＝1.63
1.63×3.0416＝4.97
大寬程度當日：
0.82÷0.33＝2.48
2.48×3.0416＝7.55
深程度當日之閾來自小深程度當日：
0.4÷0.33＝1.21
1.21×3.0416＝3.68
計得 110.6 日。
大寬程度當日：
0.6 米度當 5.5 日。

（4）曆援

曆闕 H8 雍體爟闕 Y1 爲雍曆援。其細節如後。
口東西長徑程度當日：
3.86÷0.33＝11.69
11.69×3.0416＝35.6
南北短徑程度當日：
3.24÷0.33＝9.81
9.81×3.0416＝29.86
底東西長程度當日：
1.4÷0.33＝4.24
4.24×3.0416＝12.9
南北短徑程度當日：
0.9÷0.33＝2.72
×3.0416＝8.29
深程度當日：

1.51÷0.33＝4.57

4.57×3.0416＝13.9176

小數折算 27.5，計得一年又 58 日。

H8 底東西長程 1.4 米承取 Y1 備火闕南北長軸徑程 2.8 米之半。曆日見 58 日、29 日合 Y1 春分迄小滿 2 個月、1 個月節令日數，穀雨節氣爲半。

2. 山東棗莊建新 Y1 曆釋及體燿闕體途張揚於山西新絳

1）山東建新遺址體燿闕星曆

（1）輔畫朱線圖樣

棗莊建新遺址 Y1 古樸有度，非知體燿闕本義者不能爲之。此遺跡足證狄宛系體燿闕星曆義被北方各地祝巫採納，甚或北方各地祝巫或多或少與狄宛早期祝巫親緣。

依山東棗莊建新遺址發掘者述，Y1 位於 T3854 南側擴方，開口於第 2 層下，被現代墓破壞。此遺跡打破生土，距地表深 0.53 米，方向 350° 。不見窯頂與窯箅。平面呈橢圓狀，弧壁、圜底。長軸程 1.42、短軸程 0.84、殘深程 0.44 米。

結構細節：火門、燿火室、煙道。火門位於北端，局部長方狀，長程 0.42、寬程 0.18 米；中部爲燿火，橢圓狀，長軸程 1.22 米。東西壁中部外凸，上口略內收，估計原窯頂爲穹隆頂，此處既是窯室，也是火道。

煙道位於南端東側，長條狀，圜底。自南向北傾斜而下，與窯室相聯，長程 0.48、寬程 0.2 米。窯壁分兩層。內層厚 0.5～3 釐米，磚青色；外壁厚 0.5～5.4 釐米，暗紅色。窯體堅實光滑，板結一體。窯內堆積呈黃褐色，夾雜陶片。煙道與窯室徑連，此窯「可能」沒有窯箅，窯室與火道一體〔註 17〕。

建新 Y1 正燿闕無結構細節。備火闕合火口部，緊貼正燿闕，二者無明顯過渡結構。燿火室無平臺與火眼。此體燿闕係早期體燿闕孑遺。內壁光滑堅實旁證久用。看來，此地司燿維持體燿闕舊貌。

〔註 17〕何德亮、劉志敏：《山東建新新石器時代遺址發掘報告》，科學出版社，1996 年，第 29 頁（圖三二，Y1 平、剖面圖）。

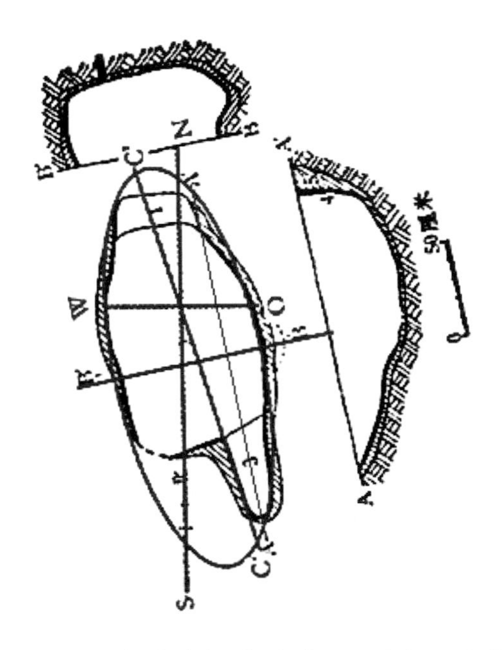

圖二九：棗莊建新體㸌闕 Y1 㸌火正小暑

晝橢圓爲日軌道投影。原圖黑字母 BB'端點在橢圓邊一截當短徑程。晝CC'線段，端點在橢圓上，兩端點乃日軌變點，也爲火自北偏西入室通道線，當日所黃經 107°，時在小暑後 2 日。晝 NS 爲子午線，OW 緯線，當黃道線，東黃道 0°，西黃道 180°。依此得協所系，其原點位於北偏。AA'線記日所黃經檢日所黃經 100°，時節小暑前 5 日。由此圖得知，日軌道最高點在北端向西傾斜，變動 17°，大暑前 3 日。此圖告祝巫㸌事以正小暑。

（2）曆日

長軸程度當日：

1.42÷0.33＝4.3

4.3×3.0416＝13

短軸程度當日：

0.84÷0.33＝2.54

2.54×3.0416＝7.7

殘深程度當日：

0.44÷0.33＝1.33

1.33×3.0416＝4.05

計得 121.6 日。此日數寡於冬至迄夏至日數 61 日。

2）山西新絳眾「陶窯」係體爟闕與體

（1）新絳孝陵遺址眾陶窯辨識之難

山西新絳孝陵遺址窯群初於 2004 年 9 月 15 日被《中國文物報》傳告。此後，《山西日報》約 1 個月後綴以「驚現」播報同題。此地成器遺跡建造特點在於，「陶窯依規整得袋形坑而建，且在一處多次建窯使用，這在同時期以至整個新石器時代所僅見。」此遺址揭露 6 組 43 座「陶窯」。第 6 組約當陶寺時期，其餘 5 組屬於廟底溝第二期〔註 18〕。2015 年，此遺址發掘記錄發行。張明東先生撰書評《〈新絳孝陵陶窯址〉讀後》。張氏述云，晉南臨汾盆地與運城盆地史前文化發達，尤在廟底溝二期文化與陶寺文化時期，係探索中國文明起源之重要區域〔註 19〕。

自張氏書評發佈迄今一年半，無人嘗試檢討此遺址眾「陶窯」。學界沉默背後存在與識，即同門學者相與知曉，此遺跡宏大而難覓著手點。眾「陶窯」如何關聯，係最大難題。考古界頻見「性質」討論迄今啞然。我以爲，與其講此遺跡饋給檢討「中國文明起源」材料，不如講此遺跡之揭露使迄今考古門學人官感不能、舊說根基崩塌。難辨其要、難窺其本、難見其表意體統，此乃新絳眾「窯址」考古認知三難。

（2）新絳 IIIH19 眾體爟闕與體初識

張氏想望此地係「中國文明起源」探索之重要區域。此想望難以兌現。此地無用火體統檢討基礎，故不堪深究。我以爲不當在此地覓文明起源檢的，此言故在此遺址結構之源在狄宛 TK06，其近親在關中寶雞福臨堡。前考福臨堡 Y1、Y4 體以 H41，此遺跡係不二例證。IIIH19 體爟闕結構特點盡在體爟闕「與體」，即若干體爟闕以一曆闕連屬。此遺跡曆算與星曆義俱涉諸體爟闕。今舉證如後。

發掘者記，第 III 發掘區近橢圓曆闕 H19 與眾體爟闕位置關係堪證其本源：H19 東、北、西、西南及 H19 內計有體爟闕 9 座。邊緣依次有 7 座：Y6、Y1、Y8、Y9、Y10、Y11、Y13。H19 內北、正北依次有 Y3、Y2（《新絳孝陵陶窯址》圖六）。今依前訓之途輔畫朱線以顯諸體爟闕「與體」之日過黃經曆義，細節如後：

〔註 18〕 孟苗：《新絳孝陵遺址驚現新石器時代陶窯群》，《山西日報》2004 年 10 月 10 日。
〔註 19〕 張明東：《〈新絳孝陵陶窯址〉讀後》，《中國文物報》2016 年 12 月 27 日，第 6 版。

發掘者述，IIIH19 開口於第 3 層下，雍 Y6 與 Y13，係「不規則袋狀坑」，坑口長程 6.25、寬程 5、坑底長程 4.5、寬程 4.4、深 4 米。坑納堆積別　層。中上部 3 層與各組「陶窯」火膛底面持平，每層堆積底面有踩踏硬面。H19 第　層堆積深程 1.5 米。其邊壁無「陶窯」遺跡，填土係紅褐花土，含瓦片、紅燒土不多。在此「人爲堆積」層起出瓦缽、夾砂小罐、灰陶盆殘片，圖六四之 1、2、3 與 4（《新絳孝陵陶窯址》第 62 頁）。

畫 NS 爲子午線，WO 爲緯線，當黃經 180～0°線。IIIH19 面爲橢圓，若依前訓畫橢圓爲其外廓，見其走向線交子午線 30°，即位於黃經北 60°。此橢圓面即日軌道面。司爟用火如爟火。自各體爟闕火口或窯室接界 H19 邊緣之中央畫線，及對應軌道面某點，諸點告日過黃經之反星曆，而此線告日過黃經度數。自東而西：線 3 過黃經 38°；線 1 過黃經 84°；線 2 過黃經 106°，線 8 過黃經 125°，線 9 過黃經 110°，線 10 過黃道 141°，線 11 過黃道 180°，線 13 過黃道 200°；線 6 未畫，目視過黃道 350°～0°。此圖告中國星曆在廟底溝第二期有滿度。星宿係全天宿。無論有無骨器、玉器乃至瓦器全天星圖，後圖印記祝巫曾以 IIIH19 頻繁爟事，黃道 360°俱見日行之跡。祝巫足踐之所乃既知日所，祝巫謀知之所以掏挖平面圓爟闕印記。由此推斷，東南天區星宿已盡知，而且已細查。另外，夜間，爟火能類比黃道圈。我初瞻原圖，朦朧而見其外廓仿佛如臺灣外廓，甚覺意外。

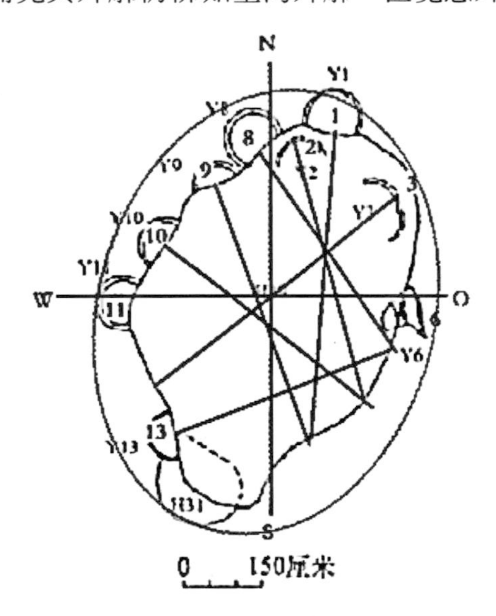

圖三〇：新絳 III 區 H19 眾體爟闕與體

在此，IIIH19 係與體之器。眾體爟闕被體，此乃體眾體遺跡，而且各體爟闕表意服從 H19 蘊藏日軌道面。

倘使有人嘗試曆釋此圖，須顧 H19 底層別於上 3 層。依發掘者述，推此地祝巫初挖掘 H19，約在地層堆積 1.5 米之後，始造體爟闕。如此，曆訓者須先訓曆闕 H19 底層深程曆志。此曆志功在解釋第　層諸體爟闕沿 H19 邊緣挖掘之故。

我檢算第　層深程度當 13.8 個月餘，小數折算約 25 日，計得 13 個月 25 日。依此曆算推斷，祝巫起出至少連續查看一歲日過黃道度數。依狄宛曆，某年 2 月 25 日係臨界日。各體爟闕曆日起點係某年 2 月 25 日。此圖外廓橢圓能告，祝巫擬以若干 360° 考校日軌道橢圓。而 360° 乃黃道日所密佈之全角。

此間見體爟闕、與體爟闕之別：某一孤爟闕連另一孤爟闕，此係體爟闕。狄宛 TK06 為證。體爟闕別正副爟闕。二爟闕起出橫連而體，後改為豎體。基於此結構變遷產生體爟闕相與，即體爟闕與體。此乃新絳爟事遺跡結構之要。諸多變遷不改爟闕面貌為圓或橢圓。而爟闕為圓之事本乎狄宛祝巫爟事效烏藋。體爟闕之與體功在曆體，曆體乃任一曆法根基。